Bernd Imgrund

111 Kölner, die man kennenlernen sollte

mit Fotografien von Britta Schmitz

emons:

Bibliografische Information der Deutschen Nationalbibliothek
Die Deutsche Nationalbibliothek verzeichnet diese Publikation
in der Deutschen Nationalbibliografie; detaillierte bibliografische
Daten sind im Internet über http://dnb.d-nb.de abrufbar.
www.emons-verlag.de

© Emons Verlag GmbH
Alle Rechte vorbehalten
Gestaltung: Barbara Thoben/Designbüro Lübbeke Naumann Thoben
Covermotiv: NS-Dokumentationszentrum der Stadt Köln,
Museum Schnütgen/W. Meier/Horst Müller GmbH
Lektorat: Saskia Römer
Druck und Bindung: B.O.S.S Druck und Medien GmbH, Goch
Printed in Germany 2014
ISBN 978-3-95451-322-2
Originalausgabe

Unser Newsletter informiert Sie
regelmäßig über Neues von emons:
Kostenlos bestellen unter
www.emons-verlag.de

Vorwort

Kennen Sie Fyegin von Broickhusen, die den Kölnern das Bierbrauen beibrachte? Oder Tile Kolup, der sich im 13. Jahrhundert
als Friedrich Barbarossa ausgab, aus Köln vertrieben wurde, in
Neuss Erfolge feierte und schließlich in Wetzlar auf dem Scheiterhaufen starb? Haben Sie je von Bertha/Berthold Buttgereit
gehört, der/dem es nicht nur gelang, im Pass einen männlichen
Namen einzutragen, sondern auch, als Transvestitin unbeschadet
durch die Nazizeit zu kommen? Und sagt Ihnen der Name Billy
Jenkins etwas, der seinerzeit berühmte Lassowerfer, Kunstreiter
und Greifvogeldompteur?

Dieses Buch versammelt die Lebensgeschichten von 111 weitgehend unbekannten Kölnern, die dennoch auf ihre Art an der
langen Historie der Stadt mitschrieben. Sie alle haben ihre Spuren
hinterlassen, sei es in Form eines Bau- oder Kunstwerks, eines
Denkmals, einer Fabrik oder auch einer Hänneschen-Puppe.
Ortsangaben ermöglichen dem interessierten Leser, diesen Spuren zu folgen und sich ein eigenes Bild von gestern und heute zu
machen. Dabei wandert er zurück bis in die Zeit der Bandkeramiker, trifft Römer und Germanen und lässt das Mittelalter wieder
aufleben, um schließlich in der Neuzeit zu landen. Wer hinten im
Buch ankommt, hat Hartlevus de Marca kennengelernt, der 1388
vor der Pest aus Heidelberg floh und als noch nicht 30-Jähriger
zum ersten Rektor der Kölner Universität aufstieg. Er weiß, bei
welcher Dirne der Ratsherr Hermann von Weinsberg seine Unschuld verlor, und ist vertraut mit der Seherin Veleda, die Köln
vor den Germanen rettete. Aber wer, verdammt noch mal, war
Hermann Lappleder?

111 Kölner

1 Gussie Adenauer

Die Frau des Oberbürgermeisters

Geboren wurde Auguste Amalie Julie Zinsser als Tochter des Kölner Dermatologen und Universitätsprofessors Ferdinand Zinsser. Ursprünglich Protestantin, konvertierte sie vor der Hochzeit mit Konrad Adenauer zum Katholizismus. Wie selbstständig sie dennoch gesinnt blieb, belegt ihr Engagement für die Ökumene und 1933 gegen die Wahl Adolf Hitlers. Neben vier eigenen Kindern zog Gussie auch Adenauers drei Kinder aus erster Ehe auf. Ab 1937 bewohnte die große Familie jenes Haus in Hanglage über dem Rhein bei Rhöndorf, das heute als Gedenkstätte für den Ex-Kanzler eingerichtet ist.

In der Kölner Gestapo-Zentrale am Appellhofplatz wurden während der Nazijahre zahllose Kriegsgefangene, Zwangsarbeiter und Widerstandskämpfer interniert, gefoltert und erschossen. Auch Konrad Adenauer hatte hier eingesessen, und im September 1944 wurde Gussie, die zweite Frau des abgesetzten Oberbürgermeisters, hier verhört. Ihr Mann war vor seinen Häschern in den Westerwald geflüchtet, aber man erwischte die Mutter an ihrer schwächsten Stelle. Als der sie vernehmende Gestapo-Scherge damit drohte, ihre 16 und 18 Jahre alten Töchter ins KZ zu bringen, verriet sie Adenauers Versteck. Mehr als menschlich, sollte man meinen, aber zugleich Resultat eines furchtbaren Zwiespalts. Gussie zerbrach daran, seelisch und körperlich, ein Selbstmordversuch scheiterte. Seien es die Folgen der Gestapohaft oder eine Blutvergiftung, die sie sich beim Aufschneiden ihrer Pulsadern zugezogen haben mag: Gussie Adenauer starb, erst 52 Jahre alt, am 3. März 1948.

Konrad, 19 Jahre älter als seine Frau, kam nie über ihren Tod hinweg. Im großen Haus des Paares wohnte er fortan allein. Mancher Biograf spekuliert, erst diese Einsamkeit habe ihn zum Vollpolitiker gemacht. Anderthalb Jahre später, am 15. September 1949, wurde er zum ersten deutschen Bundeskanzler gewählt.

Und heute? An die gemeinsame Zeit von Gussie und Konrad erinnert das Adenauer-Haus in Rhöndorf (www.adenauerhaus.de). Konrad Adenauer trifft man ausgangs der Kölner Mittelstraße, vor der Apostelnkirche. | **ÖPNV** Mittelstraße: Bahn 1, 3, 4, 7, 9, 16, 18 bis Haltestelle Neumarkt | **Bild oben** Hochzeitsfoto von Gussie und Konrad Adenauer am 25.9.1919 | **Bild unten** Max-Bruch-Straße 6, Wohnhaus der Familie Adenauer ab 1911, in dessen Garten auch das obige Bild aufgenommen wurde

2 Ambiorix

Keltisch! König! Kölsch?

Am 9. Juli 1896 beschloss der Kölner Rat, eine Straße nach den Eburonen zu benennen. Der keltische Stamm hatte ab etwa 500 v. Chr. das linke Rheinufer besiedelt, ehe er von den Römern blutig vertrieben wurde. Die Begründung für die Widmung liest sich aus heutiger Sicht allerdings seltsam: Der Widerstand der Kelten sei heldenhaft gewesen, ganz anders als die feige Unterwerfung der Ubier, die die Römer von der rechten Rheinseite in die neue Colonia holten. Aber spricht man denn so über seine Vorfahren, über die kölschen Ureinwohner? – Nun ja.

Das Ende der Eburonen war der Anfang von Köln. Ob ihr König Ambiorix jemals dort weilte, wo später die römische CCAA entstehen sollte, ist allerdings unbekannt. Man weiß jedoch, dass Cäsars Vernichtungsfeldzug gegen die Eburonen im Jahr 53 v. Chr. stattfand. Entscheidende Schlachten sollen in der Eifel und der Kölner Bucht geschlagen worden sein. Bei »Atuatuca«, irgendwo zwischen Rhein und Maas, hatten die Eburonen den Römern im Vorjahr eine ihrer schmählichsten Niederlagen beigebracht. Anderthalb Legionen, rund 10.000 Mann, wurden in eine Falle gelockt und aufgerieben. Ambiorix' Hinterlist wird die Wut des römischen Feldherrn geschürt haben, zumal die beiden vorher recht freundschaftlich, oder besser: diplomatisch miteinander verkehrt hatten. In seinem Buch vom Gallischen Krieg beschreibt Cäsar den Eburonenkönig als starken Führer und schlauen Fuchs. Um seiner endlich habhaft zu werden, verwüstete er 51 v. Chr. noch einmal das Revier der Eburonen. Catuvolcus, der wohl etwas besonnenere und friedfertigere Teil des eburonischen Doppelkönigtums, soll sich umgebracht haben. Ambiorix jedoch floh, und der römische Historiker Florus (2. Jahrhundert n. Chr.) glaubt sogar zu wissen, wohin: zu den rechtsrheinischen Germanen. Wenn er also schon nicht in Köln kämpfte, so ist er doch womöglich irgendwo hier gestorben. Sagen wir: in Ostheim.

Und heute? Im belgischen Tongeren steht ein sehr Asterix-artiges Ambiorix-Denkmal. Die Eburonenstraße in der Südstadt erstreckt sich vom Eierplätzchen bis zur Alteburger Straße. Im Römisch-Germanischen Museum (Di–So 10–17, jeden 1. Do im Monat bis 22 Uhr) versammelt die Vitrine zur »Späten Eisenzeit« (1. Etage, Höhe Publicius-Grabmal) rheinische Keltenfunde. | ÖPNV RGM: Bahn 5, 16, 18 bis Haltestelle Dom/Hbf; Eburonenstraße: Bahn 15, 16 bis Ubierring | **Bild oben** Ambiorix-Denkmal in Tongeren | **Bild unten** Die Eburonenstraße in der Südstadt

3 Archipoeta

Die Liebe, das Spiel und der Wein

»Mein Vorsatz ist, zu sterben in der Schenke, / damit der Wein dem Mund des Sterbenden ganz nahe sei; / freudiger werden dann die Engelschöre singen: / Gott sei gnädig diesem Trinker.«

Die zitierte Strophe stammt aus einem langen Gedicht namens »Vagantenbeichte«. Als Vagantendichtung wiederum bezeichnet man eine weltlich gesinnte Lyrikgattung, die sich vornehmlich mit der Liebe, dem Spiel und dem Wein beschäftigt. Der Kölner Archipoeta, wie er sich nannte, hat insgesamt zehn Werke hinterlassen, die bezeugen, dass er ein ebenso gebildeter wie freier Kopf war. Mit seinen Versen schaffte er es, die Zuneigung Rainald von Dassels zu gewinnen. Der Erzbischof wurde zu seinem Mäzen, und Archipoeta verfasste deshalb auch eine angemessene Lobeshymne auf ihn. Mit der Zeit jedoch kam Kritik auf.

Offenbar liebte der Lyriker das Leben mehr, als man ihm gesellschaftlich zugestand. Also machte er sich mit aller gebotenen Ironie an eine Verteidigungsschrift. Seine Vagantenbeichte beginnt als vermeintliche Selbstanklage: »Ich schreite auf dem breiten Weg nach der Art der Jugend, / verstricke mich in Laster, uneingedenk der Tugend, / nach Lust begierig, viel mehr als nach dem Heil, / bin ich in der Seele tot und pflege meine Haut.« Bald darauf jedoch legt sich das Gedicht in die Kurve. Archipoeta bekennt sich zu allen seinen Lastern, ja, er bezeichnet sie gar als notwendig für die künstlerische Kreativität. Sprachwitz, Mut und wohl auch eine gute Portion Charme zeichneten diesen Archi-, also Erzpoeten aus. Und seine für das 12. Jahrhundert sehr modernen, geradezu ketzerischen Sprüche machten auch vor seines Gönners Genossen nicht halt: »Vom Becher wird das Licht des Geistes angezündet, / das Herz, durchtränkt vom Nektar, fliegt den Höhen zu. / Mir schmeckt süßer der Wein aus der Schenke / als einer, den des Bischofs Schenk mit Wasser mischte.«

Regno

Und heute? Die Vagantenbeichte ist Teil der »Carmina Burana«, der berühmten mittelalterlichen Liedersammlung. Sie fehlt auch nicht in Carl Orffs Vertonung von 1935. In Köln ist lediglich Archipoetas Chef Rainald von Dassel verewigt, zum Beispiel durch sein Grabmal in der Marienkapelle des Doms. | ÖPNV Dom: Bahn 5, 16, 18 bis Haltestelle Dom/Hbf | Bild Buchmalerei im Codex Buranus: Das Schicksalsrad (Rota Fortunae)

4_ Cilly Aussem

Ein »beautiful young girl« erobert Wimbledon

Jeder Sportinteressierte kennt drei der vier deutschen Wimbledon-sieger: Boris Becker, Michael Stich und Steffi Graf. Aber wer fehlt in dieser Reihe?

Man schrieb den 3. Juli 1931, als das Damenendspiel des bedeu-tendsten Tennisturniers der Welt zu einem rein deutschen Duell wurde. Der Essenerin Hilde Krahwinkel stand auf der anderen Seite des Netzes Cilly Aussem aus Köln gegenüber. Den ersten Satz gewann diese deutlich mit 6:2. Im zweiten jedoch zog Krahwinkel zunächst mit 3:0 davon, bevor Aussem 5:4 in Führung ging. Bei eigenem Aufschlag hätte sie bereits jetzt ihren Sieg perfekt machen können. Aber erst mit dem 7:5 musste Krahwinkel ihrer Gegnerin gratulieren. Im selben Jahr gewann Cilly zudem die offenen Mei-sterschaften von Deutschland, Österreich und Frankreich.

Eine englische Zeitung schrieb, Aussems Schnelligkeit und Kampfgeist seien einzigartig, und der Autor vergaß auch nicht zu erwähnen, dass sie ein »beautiful young girl« sei. Tatsäch-lich hatte Cäcilie Edith Aussem ein hübsches, frisches Gesicht, das auch ganz ihrem Wesen zu entsprechen schien. Zusätzlichen Glamour verlieh ihr ihre Herkunft aus der Oberschicht: Vater Jean war als Generalvertreter der französischen Käsefirma Gervais zum Millionär geworden. Aber Cillys Leben umwehte auch stets ein Hauch von Tragik. In Wimbledon 1930 war sie nach einem Schwächeanfall im Halbfinale ohnmächtig vom Court getragen worden. Eine Südamerikareise bescherte ihr eine schwere Leber-entzündung mit anschließender Blinddarmoperation. Und in Somalia, wohin sie ihrem italienischen Mann, dem Grafen und Diplomaten Fermo Murari dalla Corte Brà, gefolgt war, erkrankte sie an Malaria. Die dreifache deutsche Meisterin starb mit gerade einmal 54 Jahren, ihre jahrzehntelangen Augenprobleme hatten zu diesem Zeitpunkt zu fast völliger Erblindung geführt. Ihr Grab fand sie im ligurischen Portofino.

Und heute? 1988 trug eine Sonderbriefmarke ihr Porträt, bis 2002 war ein DB-Zug nach Cilly benannt. Bis heute bewahrt wird Cillys Andenken in den Erinnerungsvitrinen ihres Clubs KTHC Rot-Weiß Köln, Ecke Olympia- und Roman-Kühnel-Weg in Müngersdorf. | **ÖPNV** KTHC: Bahn 1 bis Haltestelle Alter Militärring | **Bild oben** Cilly Aussem beim Training 1926 | **Bild unten** Das Rot-Weiß-Gelände heute

5 Die Bandkeramiker

... und das »Lindenthaler Dorf«

Die Wurzeln des Stüttgenhofs reichen bis ins 13. Jahrhundert zurück. Im Gegensatz zu vielen anderen zu Wohnsiedlungen umgebauten Anlagen wird er bis heute landwirtschaftlich genutzt. Aber die mittelalterlichen Bauersleute, die hier den guten Lössboden der rheinischen Mittelterrasse beackerten, hatten noch viel ältere Vorgänger. Die ersten Menschen, die hier sesshaft wurden, waren die Bandkeramiker, so genannt wegen der linienförmigen Muster ihrer Kannen und Töpfe. Ihre Geschichte beginnt vor 6.500 Jahren.

Herr und Frau Bandkeramiker wohnten in großen, langen Häusern. Bei einer Breite von rund sechs Metern variierte die Länge zwischen zehn und 35 Metern. Sie entwickelten keine Schriftkultur, und von ihren Hütten aus Holz und Lehm blieb kein Fitzelchen erhalten. Aber nichts aus der Vorzeit ist »so dauerhaft wie ein Loch«, schrieb einst der Prähistoriker Walter Meier-Arendt, der die 1929 begonnenen Ausgrabungen am Stüttgenhof dokumentierte. Und Löcher sind es auch, die uns von den Lindenthaler Urbauern so manches erzählen. Wo ein Baumstamm als tragendes Element eines Hauses im Boden versenkt war, ist die Erde bis heute ein bisschen dunkler als das Drumherum. Dank dieser optischen Relikte weiß man, dass am Frechener Bach insgesamt rund 100 Häuser standen. Allerdings nicht gleichzeitig, denn diese neolithischen Ansiedlungen bestanden in der Regel aus höchstens einem Dutzend Bauten. Wenn Wald und Böden erschöpft waren, zog man weiter. Das »Lindenthaler Dorf«, wie man es taufte, wurde vermutlich sieben- bis elfmal verlassen und wiederaufgebaut.

Um jedoch auf die sprechenden Löcher zurückzukommen: Eine andere wichtige Höhlung ist die Abfallgrube. Was hier eingefüllt wurde, gibt Aufschluss über die Nahrung, die Werkzeuge und Haushaltsgegenstände der einstigen Bewohner. Und weil man dort diverse charakteristisch verzierte Gefäße fand, weiß man, wer einst in Lindenthal wohnte.

Und heute? Am Stüttgenhof erstreckt sich der Grüngürtel. Die Grabungsfunde der Bandkeramiker präsentiert heute das Römisch-Germanische Museum (Di–So 10–17, jeden 1. Do im Monat 10–22 Uhr) in einer eigenen Schauvitrine (Treppe hoch, direkt rechts). | **ÖPNV** Stüttgenhof: Bahn 7 bis Haltestelle Stüttgenhof; RGM: Bahn 5, 16, 18 bis Dom/Hbf | **Bild oben** Scherben aus Ton, 4000–3500 v. Chr., Fundort Köln-Lindenthal | **Bild unten** Der Stüttgenhof im Grüngürtel

6 Melchior Bauduin

Der »Doktor Schabaudewing«

Im Sommer 1837 wurde der Armen-Wundarzt Melchior Bauduin vom Kölner Landgericht zu einer Zahlung von 50 Talern verurteilt. Der Mann ging in Revision und konnte die Strafe in einem langwierigen Verfahren auf fünf Taler drücken.

»Wundärzte« hießen vom Mittelalter bis ins 19. Jahrhundert hinein die Chirurgen. Manche unterhielten eigene Praxen, andere agierten eher wie eine Mischung aus Hausarzt und Sanitäter und behandelten Verletzungen vor Ort. Ein Patient Melchior Bauduins, der Tagelöhner Leonard Walzer, war im März des Jahres gestorben. Vor Gericht stritt man darum, ob hier in Wirklichkeit eine innere Krankheit vorgelegen habe, die Bauduin als Wundarzt nicht hätte behandeln dürfen. Sachverständige hielten seinen vorgenommenen Aderlass für kontraproduktiv, womöglich habe dieser Eingriff den Tod des Kranken sogar befördert. Für Gerichts- und Medizinhistoriker mag das Verfahren gegen Bauduin seine eigenen Reize haben. Was es für dieses Buch interessant macht, ist die Tatsache, dass der umstrittene Armenwundarzt als »Doktor Schabaudewing« in die Galerie der kölschen Originale einging.

Melchior kam als Sohn eines Stadtbeamten zur Welt und fand zunächst eine Anstellung als Anstaltsarzt im Frauengefängnis »Bleche Botz« an der Schildergasse. Man sagt, er sei für die dort Einsitzenden nicht nur Arzt, sondern zugleich Ersatz- und Beichtvater gewesen. Privat jedoch war er ein Einzelgänger, nie mit einer Frau liiert und über die Maßen gottesfürchtig. Als schrullige Figur, den Regenschirm in der einen, den Zylinderhut in der anderen Hand, flanierte er durch Kölns Straßen. Sein den Familiennamen verballhornender Spitzname bezog sich selbstredend auf Melchiors Neigung zum Alkohol. Auch soll er Hochprozentiges häufig seinen mittellosen Patienten zur Kur verschrieben haben. Dem armen Tagelöhner Walzer hätte jedoch vermutlich auch kein Schabau mehr geholfen.

Und heute? Der Schabaudewing fehlt in keinem Buch über kölsche Originale. Auch in Liedern wird er erwähnt, etwa in Carl Leibls kölschem Song »Suum cuique« von 1869. | **Bild oben** Die »Bleche Botz« | **Bild unten** Blick auf die Ecke Krebs- und Schildergasse

7 Peco Bauwens

Der erste Nachkriegs-DFB-Chef

Einen Arzt wie den des kleinen Peco Bauwens sucht man heute vergeblich. Denn was empfahl er dem Patienten, nachdem er 1896 von einem Pferdefuhrwerk überrollt worden war? – Das Fußballspielen! So kam es, dass Pecos Bein nicht amputiert werden musste und der Kleine 1910 sogar ein Mal als Nationalspieler auflief. Da verlor er 0:3 gegen Belgien. Aber es gibt einen anderen Grund, weshalb der deutsche Fußball sein Andenken ewig hochhalten wird: Der Kölner Bauwens wurde 1950 der erste Nachkriegspräsident des Deutschen Fußball-Bundes.

Peter Joseph Bauwens wurde 1886 in eine musische und eher tennisorientierte Familie hineingeboren. Seine aktive Fußballerkarriere beendete er nach dem Ersten Weltkrieg zugunsten einer Laufbahn als Schiedsrichter. Bauwens pfiff allein 82 Länderspiele, legendär wurde allerdings das von ihm geleitete deutsche Endspiel von 1922 zwischen dem Hamburger SV und dem 1. FC Nürnberg. Das erste Aufeinandertreffen brach er nach 189 Minuten beim Stand von 2:2 ab. Als die Franken im Rematch wegen jeweils zwei Platzverweisen und Verletzungen nur noch sieben Mann auf dem Feld hatten, beendete er auch dieses Spiel. Offiziell gab es deshalb 1922 keinen Deutschen Meister.

Bauwens Einstellung zum Hitlerregime bleibt bis heute undurchsichtig. Als Bauunternehmer profitierte er von den Nazis. Als Ehemann einer Jüdin (Elisabeth Gidion aus Köln-Stammheim nahm sich 1940 das Leben) litt er unter Repressalien. Auf dem Feld der Sportpolitik galt Bauwens als – gelinde gesagt – undiplomatisch. Nach dem WM-Sieg 1954 erging sich der DFB-Präsident in naziaffinen Elogen. Ein Jahr später zertrat er die ersten zarten Blüten des Damenfußballs, indem er erklärte, sein Verband werde sich damit »nie ernsthaft beschäftigen«. Nach seinem Tod im November 1963 nahm Peco Bauwens dann den Weg eines echten Kölner Großbürgers: von seinem Wohnort Marienburg nach Melaten.

Und heute? Die Peco-Bauwens-Allee führt westlich des RheinEnergieStadions vom Olympiaweg zur Junkersdorfer Straße. Sein unternehmerisches Erbe lebt in der Bauwens GmbH fort. Das Melatengrab findet sich an der Ecke Flur 43/ Hauptweg. | **ÖPNV** Peco-Bauwens-Allee: Bahn 1 bis Haltestelle Alter Militärring; Melaten: Bahn 1 bis Melaten | **Bild oben** Peco Bauwens zwischen den Kapitänen von England und Spanien am 12.9.1931 | **Bild unten** Sein Grab auf Melaten

DR. PECO BAUWENS
BAUUNTERNEHMER
✹ 24·12·1886 ✝ 17·11·1963

8_ Nikolaus Becker

Der Autor des »Rheinliedes«

Die Kölnische Zeitung, Vorläufer des Kölner Stadt-Anzeigers, war eines der meistgelesenen deutschen Blätter des 19. Jahrhunderts. Am 8. Oktober 1840 wurde hier ein Gedicht abgedruckt, das die antifranzösische Stimmung des Vormärz wie kein anderes auf den Punkt brachte: Nikolaus Beckers »Rheinlied« oder »Die Colonaise«, wie es in Anspielung auf die Nationalhymne des westlichen Nachbarn auch genannt wurde. »Sie sollen ihn nicht haben / den freien deutschen Rhein / ob sie wie gierige Raben / sich heiser danach schrein«, hebt Beckers nationalistisches Poem an. Fünf Tage später wird bereits eine vertonte Fassung im Kölner Schauspielhaus gesungen. Rund 200 weitere folgen, deren berühmteste Robert Schumann komponierte. Das »Rheinlied« entwickelte sich zu einer eigenen Gattung, in der man sich gegenseitig an ausgestelltem Patriotismus übertraf. Es war, »als ob wir ein paar Armeecorps mehr am Rhein stehen hätten, als wir hatten«, sollte Reichskanzler Bismarck später sagen.

Nikolaus Becker wurde als jüngstes von 14 Geschwistern 1809 in Bonn geboren. Leidenschaft empfand er wohl nur für die Lyrik, aber damit etwas Anständiges aus ihm werde, begann er ein Jurastudium. 1833 fand er einen Job am Kölner Gerichtshof, der ihm jedoch, so legen seine Briefe nah, keine rechte Freude bereitete. Nach dem Tod seiner Mutter, zu der er offenbar ein sehr inniges Verhältnis hatte, zog er zu Schwester und Schwager nach Geilenkirchen. Nikolaus war 25, von labiler Gesundheit und froh, endlich Zeit für seine Gedichte zu finden.

War er nun ein glühender Nationalist oder lediglich ein Opfer des frankophoben Zeitgeistes? Einen Vorschlag zur Güte macht Heinrich Heine in seinem »Wintermärchen«, wo er den Vater Rhein sagen lässt: »Das dumme Lied und der dumme Kerl! / Er hat mich schmählich blamiert / Gewissermaßen hat er mich auch / Politisch kompromittiert.«

Und heute? In mehreren deutschen Städten (unter anderem Bonn und Mainz) gibt es Nikolaus-Becker-Straßen, nicht jedoch in Köln. An der Pfarrkirche von Geilenkirchen-Hünshoven hängt eine Gedenkplakette für ihn. **| Bild oben** Nikolaus-Becker-Plakette **| Bild unten** Der »deutsche« Rhein

9 Franz Theodor Biergans
Brutus und Tyrannenfeind

In die politischen Eruptionen von 1848/49 waren diverse Kölner involviert – Robert Blum sowie Franziska und Fritz Anneke zum Beispiel. Sucht man hingegen nach rheinischen Unterstützern der 1792er-Revolution, wird es schwierig. Auch der in Aldenhoven geborene Franz Biergans war nicht unbedingt prädestiniert dazu, ein Radikaler zu werden. Nach dem Besuch eines Kölner Gymnasiums verschwand er zunächst für drei Jahre im Kloster, bevor er 1789 daraus floh. Das Rastlose und die Unzufriedenheit mit den herrschenden und privaten Umständen sollten auch sein weiteres Leben bestimmen. Biergans wurde Soldat – und desertierte. Er trat noch einmal ins Kloster ein und wurde gar 1794 zum Priester geweiht – nur um sich im Jahr darauf erneut abzusetzen. Ebenfalls 1794 war Köln samt dem ganzen Rheinland von den Franzosen eingenommen worden. Sonderlich beliebt waren sie hier nicht, aber Franz Biergans zog sich flugs die Jakobinermütze über und propagierte eine »Rheinische Republik«. Seine ab 1795 herausgegebene Zeitschrift »Brutus oder Der Tyrannenfeind« entwickelte sich zum Skandalblatt, das mal satirisch, mal frontal vor allem den Katholizismus und den kölschen Klerus aufs Korn nahm. In Köln zeitweise inhaftiert, gelangte er in Brühl in das Amt eines Rechnungsprüfers der Republik. Angeblich wohnte er in dieser Zeit mondän im Schloss Augustusburg.

Wie bereits zuvor im Kloster und in der Armee, so scheiterte Biergans auch als Beamter. Nach Unregelmäßigkeiten wurde er entlassen. Hatte er in seinen Poemen zuvor Kaiser Napoleon gehuldigt, so standen nach dessen Waterloo plötzlich der Preußenkönig und der »Vater Rhein« im Fokus der Bewunderung – et kütt, wie et kütt, sozusagen. Franz Biergans, der seine Frau einst »Neugalliens erste Republikanerin« getauft hatte, starb 74-jährig in Köln eines friedlichen Todes. Wie sein Biograf Günter Bers schreibt, hatte er sich da auch längst wieder in den Schoß der Kirche begeben.

BRUTUS

oder

DER TYRANNENFEIND

eine

ZEHNTAGSSCHRIFT

um

LICHT und PATRIOTISM

ZU VERBREITEN.

HERAUSGEGEBEN

VON

FRANZ THEODOR BIERGANS

3tes STÜCK.

Frei Köln,
im 3ten Jahr der einigen unzer-
theilbaren Republick.

Und heute? Biergans' Geburtshaus in Aldenhoven bei Jülich (Kapellenstraße 7) steht noch immer. Unter http://barbel.hathitrust.org findet man eine gescannte Version seiner Zeitschrift »Brutus oder der Tyrannenfeind«. | **Bild** Titelseite der Zeitung »Brutus oder der Tyrannenfeind«

10 Scholastika Bolz

Kääzemöhn und Schmugglerin

Welch ein Vorname! »Scholastika«, das kommt aus dem Lateinischen und bedeutet »die Lernende«. Die heilige Scholastika (480–547) hatte einst ein Unwetter heraufbeschworen, um ihren Bruder Benedikt am Fortgehen zu hindern. Ähnlich dickköpfig war auch ihre kölsche Namensvetterin, et »Bolze Lott«, wie man sie nannte. Ihr Vater verdiente laut Annalen sein weniges Geld als »Rheinarbeiter«, und auch seine Tochter blieb dem Fluss verbunden: als Schmugglerin von hüben nach drüben.

Mit 21 Jahren heiratete sie einen gewissen Johann Friedrich Steinhausen, aber die Ehe währte nicht lange. Der gelegentliche »Rhingroller« (Kohlenträger) und permanente Nichtsnutz wanderte bald ins Arbeitshaus und starb dort in jungen Jahren. Seine Witwe verdingte sich zunächst als sogenannte Kääzemöhn, als Dienstleisterin also, die für verhinderte Kirchenbesucher Kerzen anzündete. Nur dass Scholastikas Kerzen selten ankamen und das Geld dafür stattdessen in ihrem Säckel landete. Schon zu dieser Zeit soll sie auf Beschwerden mit ebenso lauten wie forschen Flüchen reagiert haben. So hockte sie im Winter einmal auf einem Stein, als ein Geistlicher des Weges kam: »Hadder ald jett kräje?«, fragte er höflich. »Ija«, antwortete die Bolze Lott, »en kaal Fott!«

Ihr Ruf wurde nicht besser, als sie sich schließlich aufs Schmuggeln verlegte. 1856 war die Mahl- und Schlachtsteuer eingeführt worden, die den Handel zwischen rechts- und linksrheinischem Gebiet enorm erschwerte und verteuerte. Der damals moderne, extrem bauschige Krinolinenrock diente der Bolz und ihren Kolleginnen bei ihrem illegalen Tun als Geheimfach. Die zu befördernde Ware, sei es ein Sack Mehl oder ein Stück Fleisch, wurde unsichtbar darunter aufgehängt. Schöpfte ein Zöllner Verdacht und wurde womöglich handgreiflich, zahlte die Lott es ihm mit gleicher Münze und begleitenden Verwünschungen heim.

Und heute? Die »Bolze Lott« findet man als Original auf Bierdeckeln und sogar Marmorkacheln (www.marmorkacheln.de). An der Markmannsgasse, unterhalb der Deutzer Brücke, endete einst die Pontonbrücke, über die der rheinische Schmuggel lief. | **ÖPNV** Markmannsgasse: Bahn 1, 7, 9 bis Haltestelle Heumarkt | **Bild oben** Die »Bolze-Lott« auf einem Bierdeckel | **Bild unten** Die historische Markmannsgasse

HE WED
HÜNNESCHE
GESPILLT

Markmannsgasse

11 Karl Heinrich Brüggemann
Verflucht, verfemt, verhaftet

Als Joseph DuMont 1845 einen neuen Chefredakteur für seine Kölnische Zeitung berief, war Ärger vorprogrammiert. Die Kölner Katholiken schrien Zeter und Mordio, und Preußens Innenminister verkündete postwendend, dass »eine etwaige communistisch-subversive Tendenz der Redaktion sofort eine Unterdrückung der Zeitung« zur Folge haben würde. Aber wer war dieser Mann, vor dem alle solch eine Angst hatten?

Karl Heinrich Brüggemann wurde 1810 in Hopsten bei Osnabrück geboren. Als 22-Jähriger nahm er am Hambacher Fest teil und hielt dort zwei engagierte Reden. Die Forderungen nach der deutschen Einheit, nach Freiheit und Gleichheit verband er mit einer Geißelung hochherrschaftlicher Privilegien. Bei anderen Gelegenheiten nahm sich Brüggemann auch des arbeitenden Volkes an und propagierte den Sechsstundentag. Derlei staatsgefährdendes Gebaren konnte damals nicht ohne Folgen bleiben. Im Juli 1832 wurde Brüggemann verhaftet. Zwischenzeitlich erging sogar ein Todesurteil gegen ihn, »mittels des Rades von oben herab«, das jedoch in lebenslange Festungshaft abgemildert wurde. Als Brüggemann dank einer Amnestie des gerade inthronisierten Friedrich Wilhelm IV. freikam, war er 30 Jahre alt – und hatte acht davon hinter Gittern verbracht.

Es war also ein durchaus mutiger Schritt des Kölner Verlegers, ausgerechnet diesem Menschen die Stellung des Chefredakteurs anzubieten. Brüggemann, inzwischen habilitierter Nationalökonom, leitete das Blatt immerhin zehn Jahre, bevor es wieder knallte. Unter dem massiven Druck der preußischen Zensurbehörden einigte er sich mit DuMont 1855 darauf, seinen Chefposten niederzulegen. Dennoch schrieb der verfemte Journalist und Demokrat noch weitere zwei Jahrzehnte für die Kölnische Zeitung. Als man ihn schließlich 1887 auf Melaten zu Grabe trug, folgten seinem Sarg die komplette Verlegerfamilie und sämtliche Kollegen.

Und heute? Brüggemanns Grab auf Melaten findet man in Flur 59 (Nummer 28). Aus der Kölnischen Zeitung wurde der Kölner Stadt-Anzeiger. | **ÖPNV** Melaten: Bahn 1 bis Haltestelle Melaten | **Bild oben** Karl Heinrich Brüggemann | **Bild unten** Das DuMont'sche Pressehaus in Niehl

12 Bertha / Berthold Buttgereit
Eine kämpferische Transvestitin

Sie hatte sich schon als Kind nur für Jungenspiele interessiert. Mit 21 dann, im Jahr 1912, erhielt sie ihren Transvestitenschein. Bertha Buttgereit, geboren in Berlin, zog nach Köln und begann ein neues Leben. Als Mann.

Ihr Vater soll Alkoholiker gewesen sein und Selbstmord begangen haben. Ihre Mutter starb geistig umnachtet in einer Anstalt. Kein warmes Nest also, aus dem Bertha stammte, aber sie lernte zu kämpfen. Mit Beginn der Weimarer Republik kam auch die Erlaubnis, den Vornamen ändern zu lassen. Ihre »sinnlichen Bestrebungen« seien ausschließlich auf Frauen gerichtet, hieß es im dafür benötigten Gutachten. Die Antragstellerin fühle sich weder als Frau, noch betätige sie sich als solche. Es dauerte eine Weile, bis die Behörden dies akzeptierten, aber im November 1920 war es so weit: Aus Bertha wurde Berthold. Und damit war nun auch der Weg geebnet für den nächsten Schritt der Buttgereit'schen Identitätsfindung. Acht Jahre war sie/er damals bereits mit einer namentlich nicht bekannten Frau liiert. Das Standesamt jedoch weigerte sich nach Durchsicht der Geburtsurkunde, die Trauung vorzunehmen. Wieder mussten Gutachten besorgt und Briefe aufgesetzt werden. Wie die Sache ausging, ist nicht bekannt. Auch weiß niemand, wie Buttgereit die Nazizeit überstand. Im Kölner Polizeipräsidium lagerten Akten, die Aufschluss über ihr/sein biologisches Geschlecht hätten geben können. Zwischen 1920 und 1957, das ist bekannt, arbeitete sich Buttgereit vom Buchhalter zum Büroleiter hoch. Möglicherweise waren ihre/seine Kollegen genauso wenig eingeweiht wie die Schwiegereltern. Kein Wunder, wenn man sich das Foto dieses gut aussehenden, kantig-maskulinen Mannes ansieht. Ab 1958 ist sie/er in den Kölner Telefonbüchern als Pensionär notiert, wohnhaft im Belgischen Viertel, Lützowstraße 23. Mit dem Jahr 1984 jedoch enden die Einträge.

Und heute? Bertha/Berthold Buttgereits Leben wird ausführlich geschildert in dem Buch »Anders als die Andern« von Erwin In het Panhuis (Emons Verlag 2006). Zur Lützowstraße 23 führt so manche Frauen-Stadttour. | **ÖPNV** Lützowstraße: Bahn 1 bis Haltestelle Moltkestraße | **Bild oben** Berthold/Bertha Buttgereit Buttgereit in Männer- und Frauenkleidung | **Bild unten** Haus Lützowstraße 23 heute

13 Hermann Cardauns

Duell mit dem Westernheld

Diese Literatur sei »abgrundtief unsittlich« und berge ein »porno-
graphisches Riesenpotential«, schrieb Hermann Cardauns 1899
über Karl May. Und der Erfolgsschriftsteller zahlte mit gleicher
Münze zurück. Cardauns' »Henkerartikel« seien eine »beispiellose
Hanswurstiade« und der Mann selbst ein »hyperultramontaner
Redaktionspapst«. Hier trafen zwei Männer aufeinander, die sich
gegenseitig zum liebsten Feindbild wurden und beträchtliche
mediale Wellen schlugen. Dass Karl May zeit seines Lebens der
Hochstapler blieb, als der er schon jung im Gefängnis gesessen
hatte, ist heute unumstritten. Es wäre jedoch zu einfach, sich auf
die Seite des kreativen Aufschneiders zu schlagen und Cardauns
einen Philister zu schimpfen. Denn dafür sind die Psychologie und
auch das Werk dieses rheinischen Intellektuellen zu komplex.
Hermann Cardauns hatte nach dem Studium der Geschichte eine
Universitätslaufbahn einschlagen wollen. Weil er im seinerzeit
tobenden »Kulturkampf« zwischen preußisch-bismarckscher Re-
gierung und katholischer Kirche klar auf Seite der letzteren stand,
war ihm das jedoch verwehrt. Kirchenpolitisch aktiv blieb er dennoch, zum Beispiel als Mitbegründer der katholischen Görres-
Gesellschaft. 1876 wurde er zum Chefredakteur der Kölnischen
Volkszeitung berufen. Diesen Führungsposten bei einem der einflussreichsten deutschen Zentrumsblätter übte er bis 1907 aus,
31 lange Jahre. Nebenher publizierte er zahlreiche Bücher zur
Zentrumspartei sowie über seine Heimatstadt Köln. Er war Ratsmitglied und zeugte sieben Kinder.

Mit seinem Ausscheiden bei der Volkszeitung scheinen auch
die Angriffe auf Karl May zu enden. Cardauns' Vorwürfe büßten
zudem bald darauf ihre Grundlage ein: May habe die von ihm
beschriebenen Länder nie gesehen, hatte er moniert. Am 5. September 1908 jedoch schiffte sich der Gescholtene nach New York
ein – 33 Jahre nach dem ersten Winnetou-Buch.

Und heute? Hermann Cardauns' Familiengrab auf Melaten findet sich im Bereich Lit. B. Die letzte Kölnische Volkszeitung erschien nach jahrelanger Nazi-Schikane am 31. Mai 1941. | **ÖPNV** Melaten: Bahn 1, 7 bis Haltestelle Melaten| **Bild oben** Görres-Haus 1930, Neumarkt 18a–28 | **Bild unten** Die Kreissparkasse Köln am Neumarkt, wo einst das Görres-Haus mit Cardauns' Zeitungsredaktion stand

14 Ern(e)st Cassel

Englischer Sir und GAG-Gründer

Schon dem jungen Banker sagte man neben einem immensen Arbeitseifer ein untrügliches Händchen für Geldgeschäfte nach. 1884 löste er sein letztes Angestelltenverhältnis und begann, auf eigene Rechnung zu arbeiten. Er investierte in sibirische Goldminen und ägyptische Bewässerungsprojekte, genauso wie er Staatsanleihen für Mexiko und China finanzierte – ein echter Global Player. Seinen gesellschaftlichen Aufstieg im Königreich manifestierte er nicht zuletzt durch die Gründung eines eigenen Gestüts. Auf diesem Weg lernte er auch den pferdeverrückten Edward, Prinz of Wales kennen, dessen Freund und Finanzberater er werden sollte. »Very british«, könnte man sagen. Aber im Jahr 1913, kurz vor dem Beginn des Ersten Weltkriegs, besann sich der seit 1899 geadelte Sir Ernest seiner kölschen Wurzeln. Als einer von vier Hauptaktionären stampfte er die Gemeinnützige Wohnungsgesellschaft AG (GAG) aus dem Boden. Ihr Ziel: bezahlbarer Wohnraum für die Industriearbeiter Kölns. In den nächsten Jahrzehnten entstanden dann solche bis heute vorbildlichen Quartiere wie »Bickendorf I«, die »Poller Milchmädchensiedlung« oder die »Weiße Stadt« in Buchforst.

In Köln am Rhein war Ernest Cassel als Sohn eines jüdischen Kleinbankiers geboren worden. Nach seiner Banklehre verließ er die Heimat, 17-jährig und mittellos, gen England. Aus anfänglichen acht Pfund im Monat wurden bald 5.000. Der »Windsor-Cassel«, wie man ihn wegen seiner Verbindungen nannte, starb in London und wurde auch dort beerdigt. Aber Köln blieb wohl stets in seinem Herzen. Schon 1913 hatte er seiner Geburtsstadt eine Million Reichsmark geschenkt, »zu Gunsten schwacher oder kranker Frauen, Jungfrauen und Kinder«. Testamentarisch verfügte er zudem, auf der Basis seiner GAG-Aktien eine Ernest-Cassel-Stiftung für in Not geratene Mieter ins Leben zu rufen. Diese Stiftung existiert – und hilft – noch heute.

Und heute? GAG-Projekte wie »Bickendorf I«, »Milchmädchensiedlung« in Poll oder »Weiße Stadt« in Buchforst sind auch heute noch besichtigenswert. Nach Ernst Cassel ist eine Straße in Mülheim benannt. **| ÖPNV** Bickendorf I: Bahn 3, 4 bis Haltestelle Akazienweg; Milchmädchensiedlung: Bahn 7 bis Raiffeisenstraße; Weiße Stadt: Bahn 3 bis Waldecker Straße **| Bild oben** Ern(e)st Cassel am Schreibtisch **| Bild unten** Die GAG-Siedlung »Weiße Stadt« in Buchforst

15 Marcus Valerius Celerinus

Heile Welt in Köln am Rhein

Die Schmitz-Säule im Kölner Martinsviertel erzählt von römischen Soldaten und kölschen Mädchen. Hier seien sie zusammengekommen, auf ein verstecktes Stelldichein. Was so romantisch klingt, gab es wirklich: Marcus Valerius Celerinus und Marcia Procula sind der Beweis dafür.

Der Spanier Marcus gehört zur 10. Legion, man sagt, das sei Cäsars Lieblingseinheit gewesen. 70 n. Chr. machen sich die Soldaten auf den langen Weg von Spanien an den Niederrhein. Im heutigen Nimwegen vollendet Marcus sein 25. Dienstjahr und wird endlich entlassen. Geld hat er nun genug, und Kollegen haben ihm wohl von der aufstrebenden Provinzhauptstadt am Rhein erzählt. In der Colonia Claudia Ara Agrippinensium warten bereits viele andere Veteranen auf ihn. Hier schwelgt man in alten Heldengeschichten, wandert die Kneipen ab, trinkt seinen Wein. Und lernt, früher oder später, ein einheimisches Mädel kennen.

Marcia Procula könnte, ihrem Namen nach, ebenfalls iberischer Abstammung gewesen sein. Um das Jahr 95 herum, noch zu Lebzeiten, lassen sich die beiden einen Grabstein anfertigen, der genau 1.800 Jahre später an der Richard-Wagner-Straße gefunden wird: »Marcus Valerius Celerinus, aus dem Wahlbezirk Papiria, geboren in Astigi, Bürger der Stadt Köln, Veteran der 10. Legion Gemina Pia Fidelis, stellte (diesen Stein) zu Lebzeiten für sich und seine Frau Marcia Procula auf.« Das eingemeißelte Bild zeigt Marcus auf einer Kline liegend, einer Art Chaiselongue. Sein Diener reicht ihm einen Drink, die Becher auf dem dreibeinigen Tischchen belegen, dass es nicht sein erster ist. Der ausgediente Soldat genießt offenbar seinen Ruhestand, und auch seiner Frau scheint es recht gut zu gehen. Links neben ihm sitzt sie in einem bequemen Rohrstuhl, einen Schemel unter den Füßen und einen prall gefüllten Früchtekorb auf dem Schoß. Heile Welt in Köln am Rhein!

MARCELERINVS
PAPIRIA ASTIGI
CIVES AGRIPPINE
VETERLEGXGPF
VIVOS FECIT SIBI

Und heute? Der gut erhaltene Grabstein von Marcia und Marcus steht im Römisch-Germanischen Museum (Di–So 10–17, jeden 1. Do im Monat 10–22 Uhr, 1. Stock, links neben dem römischen Torbogen). | **ÖPNV** RGM: Bahn 5, 16, 18 bis Haltestelle Dom/Hbf | **Bild** Grabstein des Marcus Valerius Celerinus im RGM

16__ Clais
Der Schellenknecht von Melaten

Schon im 12. Jahrhundert wurde das Areal des heutigen Melaten-friedhofs als Leprosenheim genutzt. Weil ihre Krankheit ansteckend war, ließ man die Infizierten nur an wenigen Tagen im Jahr zum Betteln in die Stadt. Die Bürokratie schrieb ihnen nicht nur die Wegstrecken vor, sondern auch die Kleidung, die sie bei diesen Freigängen zu tragen hatten. Ihnen voran hatte ein Gesunder zu gehen: der Schellenknecht. Als Angestellter der Leprosenanstalt fungierte er sozusagen als der Agent und Oberbettler innerhalb der Stadtmauern. Auch er hatte sich an eine Kleiderordnung in Form von Schlapphut, Siechenmantel und Kniehose zu halten. Zum Einsammeln der milden Gaben führte er außerdem Schelle, Büchse und Bettelsack mit sich. Sein eigener Lohn bestand aus einem Anteil der Sachspenden, während er alles Geld bei der Anstaltsverwaltung abzuliefern hatte.

Lediglich ein Kölner Schellenknecht ist namentlich bekannt, und dies auch nur aufgrund seiner traurigen Geschichte. Clais hatte sich nämlich in Ausübung seines Berufs selbst mit der Krankheit infiziert. Laut den historischen Büchern von Melaten wurde er 1567 als »uissetzigh« geführt. Weil er zeitlebens so gerecht und fleißig gewesen war, schickte man ihn mit 26 Mark in die Rente nach Rodenkirchen. Dort am Rhein lag eine der vier Kölner Leprosenstationen, und in mancher Hinsicht war sie so etwas wie die »Luxusherberge« des Kleeblatts. In Rodenkirchen nämlich wurde ein sogenannter Siechennachen unterhalten. Dieser steuerte die Handelsschiffe um Almosen an und half wohl auch beim Flussaufwärts-Treideln. Der Kapitänsposten auf dem Siechennachen war offenbar so lukrativ, dass sich sogar zahlreiche Gesunde um ihn bewarben. Clais mischte in diesem Wettbewerb nicht mehr mit, schließlich hatte ihn die Lepra damals auch schon äußerlich gezeichnet. Aber vielleicht hat er von seinem Zimmer aus zumindest einen schönen Blick auf den Fluss gehabt.

Und heute? Das »Leprosenmännchen«, eine Schellenknecht-Figur aus dem 17. Jahrhundert, steht im Obergeschoss des Stadtmuseums (Di 10–20, Mi–So 10–17 Uhr). Eine Kopie davon hängt an der Friedhofsmauer von Melaten an der Aachener Straße. **| ÖPNV** Stadtmuseum: Bahn 3, 4, 5, 16, 18 bis Haltestelle Appellhofplatz; Melaten: Bahn 1, 7 bis Melaten **| Bild oben** Historische Schellenknecht-Darstellung **| Bild unten** Das Leprosenmännchen an der Aachener Straße

17 ___ Die Clingelmanns

Familienname + Brunnen = Knast

Früher drohte man frechen Kindern damit, sie kämen »en de Blech«, also das Gefängnis »Bleche Botz«. Hintergrund: Anfang des 18. Jahrhunderts war ein aufgelöstes Clarissenkloster an der Ecke Schilder- und Krebsgasse in eine Justizvollzugsanstalt umgewandelt worden. Und als Bauleiter fungierten der Blechschläger (Klempner) Alexander Hittorf und der Maurermeister Johann Botz.

Auch der Klingelpütz, Kölns aktueller Knast, hat kölsch-dialektale Wurzeln. Geografisch muss man dafür allerdings vom heutigen Standort Ossendorf zurück an den Gereonswall gehen. Dort lag im Mittelalter das Land der Familie Clingelmann. Der zweite Teil des Wortes verdankt sich den dortigen Brunnen: Nach lateinisch »puteus« nennt man solche Wasserreservoire im Kölschen »Pütz«. Schon für das 13. Jahrhundert ist der Straßenname »Klingelpütz« nachgewiesen. Am Verkauf des Geländes wird Grundbesitzer Clingelmann gut verdient haben. Denn weil sich dort ein Wunder ereignet haben soll, erwarb es der Augustinerorden in den 1420ern für einen Klosterbau. 400 Jahre später entstand an dessen Stelle – die Gitterstäbe vor den Fenstern konnten bleiben – das preußische Zentralgefängnis.

Während über die Clingelmanns nichts weiter bekannt ist, wurde die Geschichte des Klingelpütz gut dokumentiert. Stets berüchtigt, wurde das Gefängnis ab 1933 zur zentralen Hinrichtungsstätte der Nazis im Rheinland. Über 1.000 Menschen wurden hier exekutiert, zahllose andere starben wegen der katastrophalen hygienischen Bedingungen. 1979, elf Jahre nach der endgültigen Stilllegung und dem Abriss des Gebäudes, wurde den Toten zu Ehren ein Denkmal des Bildhauers Hans Karl Burgeff enthüllt. Der heutige Klingelpützpark ist geprägt von welligen Wiesen- und Spielflächen. Der letzte Brunnenschacht, der noch an die alte Namensgebung des Terrains erinnerte, war bereits im Jahr 1951 verfüllt worden.

Und heute? Der Klingelpützpark ist vor allem im Sommer stark und friedlich bevölkert. | **ÖPNV** Park: Bahn 12, 15 bis Haltestelle Hansaring | **Bild oben** Blick vom Hansahochhaus auf den einstigen Klingelpütz | **Bild unten** Der Hansaplatz im Klingelpützpark heute

18 Heinrich Cornelius

Das Vorbild für den Faust

Historiker nennen ihn eine der »schillerndsten Gestalten« des Europas vor Luther. Er sei der »Stammvater aller gehobeneren Schwarzkünstler und Wunderdoktoren des 16. bis 18. Jahrhunderts« gewesen. Und Goethe habe sich bei seinem berühmten Drama zwar namentlich an einem historischen Dr. Faustus orientiert, substanziell jedoch an dem Kölner Heinrich Cornelius.

Sicher ist: Er führte ein rastloses Leben. Geboren wurde er in Köln, vermutlich als Spross einer heruntergekommenen Adelsfamilie. Er immatrikulierte sich ordentlich an der hiesigen Universität für die sieben freien Künste, aber wer seinen weiteren Werdegang nachverfolgt, dem wird schnell schwindelig. Kaum ein Ort, kaum ein Hof in Europa, an dem »Agrippa von Nettesheim«, wie man ihn nannte, nicht gesehen ward. Erste Kontakte mit dem mittelalterlichen Mystizismus knüpfte er wohl in Paris. Dort soll er, unterstützt von abergläubischen Gönnern, einen Geheimbund gegründet und alchemistische Experimente durchgeführt haben. Seine Erkenntnisse fasste er sodann in seinem Hauptwerk »De occulta philosophia« von 1510 zusammen, in dem antike Philosophie, christliche Lehre und die zeitgenössische Magie miteinander verschmelzen.

Bei alldem scheint Cornelius kein kompletter Wirrkopf gewesen zu sein. 1519 etwa verteidigte er in Metz eine Frau gegen den Vorwurf der Hexerei und gewann den Prozess sogar. Mit dem Ergebnis allerdings, dass der Bischof ihn nun selbst zum schwarzen Magier stempelte. Cornelius floh in seine Heimatstadt Köln, wo er sich prompt mit den herrschenden Theologen überwarf. Das Jahr 1530 sieht ihn im Schuldturm zu Brüssel und schließlich unter dem Schutzmantel des liberalen Kölner Erzbischofs Hermann von Wied. Sei es, dass er in Frankreich noch einmal gefangen und gefoltert wurde, sei es, dass sein wildes Leben ihn einfach ausgezehrt hatte – Heinrich Cornelius starb 1535 als 48-Jähriger.

Und heute? Dank Heinrichs Hauptwerk ging ein neues Wort in den deutschen Sprachschatz ein: »okkult«. | **Bild oben** Historisches Cornelius-Porträt | **Bild unten** Objekt der Anatomie-Ausstellung in der Uni-Klinik

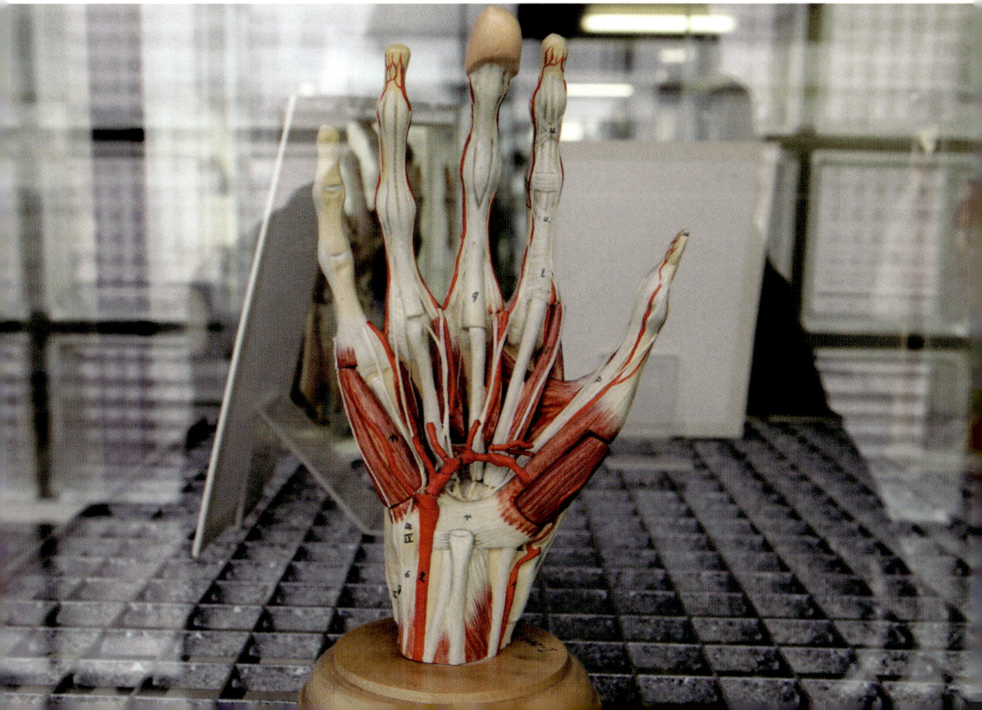

19 Philipp Ecks

»wein vil tag nach einandern«

Getreide wurde in jenem Herbst 1588 recht teuer gehandelt. Deshalb kamen dem Bäcker Philipp Ecks aus dem Kunibertsviertel diese ihm unbekannten Gestalten wohl gerade recht, die ihm gutes, billiges Korn versprachen. Aber kaum war er allein mit den vermeintlichen Kaufleuten, sah er sich auch schon gefesselt und geknebelt. Anschließend stopfte man ihn in einen sieben Fuß hohen Weidenkorb und transportierte ihn auf einer Schubkarre ab, um ihn sodann in einen düsteren Keller zu pferchen. Der Fall des entführten Bäckers scheint großes Aufsehen erregt zu haben, und Chronist Hermann von Weinsberg gab für die Nachwelt den Kriminalreporter.

Des Bäckers Frau, tief besorgt, erhielt zwei Tage nach ihres Mannes Verschwinden Post. Die Lösegeldforderung belief sich auf 2.000 Kronen – weit über 50.000 Euro heutiger Zeit. Entweder war also dieser Bäcker außerordentlich wohlhabend oder die Entführerbande besonders vermessen. Hinterlegt werden sollte der Betrag im Villewald südwestlich von Köln, denn im Wald, da waren damals bekanntlich die Räuber. Botschafter des Rates jedoch hörten sich offenbar an den richtigen Stellen um und machten Ecks' Verließ bald aus. Nur vier Tage blieb der Bäcker in der Gewalt seiner Entführer, bevor er befreit werden konnte.

Drei seiner fünf Peiniger entwischten, nur ein 40-jähriger Pergamentmacher und sein Knecht gingen ins Netz. Analog ihrer Tat steckte man sie in einen Korb und schleifte sie an Ecks' Entführungsstationen vorbei, bevor sie bei Melaten hingerichtet wurden. Der Bäcker Ecks aber, so Hermann Weinsberg, genoss seine wiedergewonnene Freiheit in vollen Zügen und »güng den andern tag an das raithaus, uff die gaffel, zu sinen nachparn, dankte den herrn, das sie in erloset hatten. Und die frunde und nachparn schenkten ihm den wein vil tag nach einandern, dan er war scheir des toits, sin fraue und kinder ires verderbnis erloist.«

Und heute? Der Fall Ecks ist Teil der Stadtführung »Kriminelles Köln« (www.colonia-prima.de). Der Bäcker selbst hat keinerlei Spuren hinterlassen. | **ÖPNV** Kunibertsviertel: Bahn 16, 18 bis Haltestelle Breslauer Platz | **Bild** Lithographie zur Entführung des Bäckermeisters Philipp Ecks in Köln am 29. September 1588

20_ Elisabeth von Schönau

Ursula und die Männergebeine

Die heilige Elisabeth war nach heutigem Ermessen ein ganz armes Ding. Mit gerade einmal zwölf Jahren schicken ihre Eltern sie von Köln weg in den Taunus. Im dortigen Kloster Schönau ist sie dermaßen strenger Askese unterworfen, dass sie permanente körperliche und seelische Qualen leidet. Elisabeth erbricht sich und verweigert das Essen, sie verfällt in graue Depression, zweifelt an ihrer Bestimmung und jenem Glauben, in dessen Namen sie dieses Martyrium erleidet. Auch als 1155 ihr Bruder Egbert nach Schönau wechselt, wird ihr Zustand nicht besser. Der spätere Abt nutzt die delirierten Visionen seiner Schwester, indem er sie in religiöse Schriften ummünzt. Eine davon trägt den interessanten Namen »Liber revelationum de sacro exercitu verginim coloniensum«, also »Buch der Offenbarung der Heiligen Schar der Kölnischen Jungfrauen«.

Kaum eine Kölner Legende ist über die Jahrhunderte so lebendig geblieben wie die der heiligen Ursula und ihrer gemeuchelten Jungfrauen. Und Elisabeth von Schönau, die »Seherin«, hat daran entscheidend mitgestrickt. Als man in der Nähe der inzwischen St. Ursula getauften Kirche ein (wohl in Wirklichkeit römisches) Gräberfeld mit männlichen Gebeinen en masse entdeckte, musste eine Erklärung her, die eine Verbindung zwischen diesen Funden und der Geschichte um die heilige Ursula schuf. Prompt bestätigte Elisabeth unter dem Einfluss ihres Bruders, dass auch edle Männer, Kleriker und sogar Kinder sich den Jungfrauen angeschlossen hätten, um »mit ihnen das Martyrium zu erleiden«. Die Legende war gerettet.

Laut dem Stadthistoriker Carl Dietmar profitierten vor allem die Deutzer Benediktiner von Elisabeths »Vision«. Denn jeder einzelne Knochen wurde in Deutz mit einem Namensschild versehen und gelangte von dort aus auf die Märkte des internationalen Reliquienhandels. Die lebensschwache Klosterfrau hingegen starb mit erst 35 Jahren am 18. Juni 1164.

Und heute? Elisabeths Schädeldecke ruht in einem Reliquienbehältnis der Schönauer Klosterkirche. Dem Kult um die Kölner Ursula wird am intensivsten in der Goldenen oder »Knochenkammer« von St. Ursula gehuldigt (Ursulaplatz, Mo, Di, Do–Sa 10–12 und 15–17, Mi 10–12 und 15–16.30, So 15–17 Uhr). | **ÖPNV** Knochenkammer: Bahn 12, 15 bis Haltestelle Hansaring | **Bild oben** Historische Elisabeth-Darstellung | **Bild unten** Die »Knochenkammer« von St. Ursula

21 Richard Engel

Der Rickes von De Vier Botze

Als er mit seiner Band einmal im Gürzenich auftrat, stellte der Sitzungspräsident ihn mit den folgenden Worten vor: »Meine Damen und Herren, derjenige, der hier am unschuldigsten aussieht, hat schon sage und schreibe neun Kinder. Und das ist der Richard Engel!« Und als Gelächter und Applaus verebbten, setzte er nach: »Wann d'r Storch noch ens kütt, spillen ich Pattühm!« Ablehnen konnte »der Rickes«, wie ihn alle nannten, dieses Patenonkel-Angebot schlecht. Denn der es ausgesprochen hatte, war Thomas Liessem, als langjähriger Präsident von Prinzengarde und Festkomitee der mächtigste Mann im Kölner Karneval.

Das 1933 gegründete Quartett De Vier Botze bestand neben Richard aus Hans Philipp Herrig, Jakob Ernst und Hans Süper senior. Sie traten im Karneval genauso auf wie im Rundfunk. Als Tourneeband ging man mit Stars wie Zarah Leander, Lale Andersen oder Marika Rökk auf Reisen. Beliebt waren die vier vor allem wegen ihrer musikalisch sehr ausgefeilten Harmonien und ihrer Schlagerparodien. Zu ihrem größten Hit jedoch wurde ein Lied, das ursprünglich von den Drei Laachduve stammte: »Kayjass No. Null«, die Hymne auf den Lehrer Welsch.

Irgendwann in den 1960ern ging es langsam zu Ende mit den Botze. Richard Engel war damals schon lange zu Hause ausgezogen. Von seinem kleinen Apartment in Riehl spazierte er häufig ins Brauhaus Päffgen an der Friesenstraße. Wenn er ein bisschen Geld brauchte, nahm er einen seiner alten Karnevalsorden mit und zeigte ihn wie zufällig vor. »Rickes, wat wor dat dann?« – »Och, dat wor nur ene ahle Orde vun fröher.« – »Jetz zeich doch ens, oh, dä es ävver schön!« – »Na kumm, jevv mir ene Zehner, dann es dä dir.«

Als der Rickes dann 1974 starb, hatte er sein musikalisches Talent längst weitervererbt. Denn jenes eingangs erwähnte zehnte Kind war Tommy Engel, der zum Mitgründer und langjährigen Sänger der Bläck Fööss werden sollte.

Und heute? Das Haus Lotharstraße 30, wo die Engels jahrzehntelang wohnten, steht noch. Mehr über Richard Engel erfährt man in Tommys Biografie »Du bes Kölle«. | **ÖPNV** Lotharstraße: Bahn 7 bis Haltestelle Weyertal; Päffgen: Bahn 3, 4, 5, 12, 15 bis Friesenplatz | **Bild oben** De Vier Botze in der Lotharstraße, v.l.n.r.: Hans Philipp Herrig, Hans Süper sen., Richard Engel, Jakob Ernst. | **Bild unten** Haus Lotharstraße 30

22 Else Falk

NFG und GOA

Der sozialpolitische Aufbruch der in Wuppertal geborenen Else Falk begann in ihren 40ern. Als Teil der »Nationalen Frauengemeinschaft« (NFG) engagierte sie sich für das Frauenwahlrecht und für durch den Ersten Weltkrieg verarmte Witwen und Waisen. Bereits 1918 eröffnet sie angesichts der versehrten Kriegsheimkehrer eine Blindenbibliothek, ein Jahr später übernimmt sie den Vorsitz des Stadtverbandes der Kölner Frauenvereine. Zahlreiche weitere Vereinsgründungen folgen, Else Falks Engagement und Einfallsreichtum für die Sache der Frauen in Köln scheint unerschöpflich. 1929 ist sie an einer ganz außergewöhnlichen gastro-historischen Mission namens GOA beteiligt. Die Initialen stehen für »Gaststätte ohne Alkohol«, einer Einrichtung des »Kölner Frauenvereins für alkoholfreie Gast- und Erholungsstätten«. Der soziale Hintergrund dieser innovativen Idee war ein ernster. Industriearbeiter hatten zunehmend zum Schnaps gefunden, mit den üblichen fatalen Folgen für die Familie: ein schief hängender Haussegen, verängstigte Kinder, Schulden, Armut und Gewalt. Überall in Deutschland gründeten sich um die Wende zum 20. Jahrhundert herum Abstinenzlervereine, und das nicht nur aus den Kreisen besorgter Ehefrauen. Auch die Fabrikbesitzer und die Arbeiterführung waren – aus jeweils eigenen Gründen – an der Eindämmung der Seuche Alkoholismus interessiert. Im GOA I. auf der Hohe Straße/Ecke Augustinerplatz machten engagierte Frauen vor, wie man gegensteuern konnte: Zum Mokka oder Säftchen bekam man hier vegetarische Kost und auf Wunsch sogar eine Ruheliege für die entspannte Mittagspause.

Als Jüdin wurde Else Falk 1933 von allen ihren Ämtern suspendiert. 1939 emigrierte sie nach Belgien, 1944 weiter nach São Paulo. Auf Einladung Konrad Adenauers kam sie 1952, mit 81 Jahren, noch einmal in ihre Heimatstadt. Eine von ihr erwogene vollständige Rückkehr vereitelte ihr Tod.

Und heute? Noch zu ihren Lebzeiten benannte man das ehemalige Frauenberufs-haus in Zollstock, Bornheimer Straße 4, nach ihr. 1952 brachte man dort auch eine Gedenkplakette an, die inzwischen leider verschwunden ist. In Longerich wurde auf Anregung des Frauengeschichtsvereins eine Straße nach Else Falk benannt. | **ÖPNV** Zollstock: Bahn 12 bis Haltestelle Gottesweg; Longerich: Bahn 15 bis Altonaer Platz | **Bild oben** Else Falk im Porträt | **Bild unten** Hotel am Augustiner-platz, wo früher das GOA-Café residierte

23 Arno Faust

Ein eigenes Ehren-Eckchen

Wer wünschte sich nicht, in seiner Stammkneipe posthum einen Ehrenplatz zu bekommen? Der zeichnende Trinker und trinkende Zeichner Arno Faust hat das geschafft, in der »Kleinen Glocke«. Als man sich in dieser kölschen Traditionskneipe an der Glockengasse 2006 ans Renovieren machte, entdeckte man unter mehreren Farbschichten zwei große Gemälde des Kölner Maler-Originals Toni May (1914–2004): »Liegende mit Glöckchen« (Breitformat über der Theke) und die »Adenauer-Anspielung«, auf der man den alten Kanzler mit schiefem Köpfchen und geschlossenen Augen sieht. Diesen gegenüber liegt heutzutage das Arno-Faust-Eckchen – gewidmet einem Kollegen und Zeitgenossen Mays. Betrachtet man Fausts dort aufgehängte Zeichnungen, wird sofort klar, welchem Genre er zuneigte. Der Mann war Karikaturist, er zeichnete mit schrulligem Humor. Und dem entsprach wohl auch seine Natur.

Arno Faust wurde kurz nach Ende des Ersten Weltkriegs in Königsdorf geboren und wechselte mit sechs Jahren nach Köln. Früh konnte er Gitarre spielen und Zeichnen, während Arbeiten und Sparen nie seine Sache wurden. Die Legenden über ihn sind Legion: Faust bereiste angeblich mit seinem Zeichenblock den Balkan, er sang im kommunistischen Moskau der 1950er amerikanische Lieder, verfeuerte aus Geldnot die Türzargen seiner Wohnung und bezahlte sein Bier mit Bildern. Über Salvador Dalí, den er zeichnen durfte, schimpfte er im Nachhinein: Der Meister habe ihm statt Wein nur Knabberzeugs angeboten.

Aber kein Spaß ohne Schatten. Arnos Frau verließ ihn, sein Sohn beging 22-jährig Selbstmord. Der ewige Schelm wurde Diabetiker und trug von der Sauferei einen – letztlich unheilbaren – Leberschaden davon. Zwischen zwei Krankenhausaufenthalten soll er noch mitbekommen haben, dass die Stammgäste aus der Glocke bereits für seinen Sarg sammelten. Am 5. September 1984 wurde der dann auch gebraucht.

Und heute? Das Arno-Faust-Eckchen findet man in der »Kleinen Glocke«, Glockengasse 58, hinter der Theke links (Mo−Sa ab 12 Uhr). Sein hübscher Grabstein mit Gitarre, Feder, Hand und Rabe steht in Flur 64 des Melatenfriedhofs. | **ÖPNV** Glocke: Bahn 1, 3, 4, 7, 9, 16, 18 bis Haltestelle Neumarkt; Melaten: Bahn 1, 7 bis Melaten | **Bild oben** Arno Faust und Salvador Dalí 1957 | **Bild unten** Faust-Grab auf Melaten

24___ Das Fischweib

Harte Arbeit, harte Mienen

Eine der Frauen grinst verträumt in den Himmel. Eine andere scheint gerade erschreckt zu schreien. Die dritte blickt trotzig-entschlossen zur Stadt hin, eine Hand aufs Knie gestemmt, in der anderen drei Fische haltend. Am eindrucksvollsten jedoch ist das vierte »Fischweib« dieses Quartetts gelungen, die Figur an der Ostseite des Brunnens. Hier ist alles erschöpfte Kreatur. Nach einem langen Arbeitstag sinkt der Kopf langsam gen Brust, und die Augen scheinen sich zu schließen. Mit angezogenen Knien hockt die Gestalt auf einem niedrigen Schemel, wobei die Arme zugleich stützend und schützend über einem Fass liegen. Da sind – oder waren, falls sie verkauft wurden – die Fische drin.

Wie der gesamte Kölner Handel profitierte auch der mit dem Wassergetier vom 1259 verliehenen Stapelrecht. Der Fischweiberbrunnen von Rainer Walk liegt am historischen Fischmarkt im Martinsviertel. Früher, vor dem Abriss der Stadtmauer, muss es hier sehr düster gewesen sein. Und es wird übel gestunken haben. Der gesalzene Fisch durfte auch auf schickerem Terrain wie dem Heumarkt verkauft werden. Den Frauen hinter der Fischpforte am Rhein verblieb nach dem Salzverbot von 1482 nur noch der »grüne«, also unkonservierte Fisch als Ware. Und dabei durften zudem bestimmte Größen nicht überschritten werden. Fischchen und Krebse aus dem Rhein waren das Fleisch des kleinen Mannes. Und die kleinstmerkantilen Fischweiber brachten es an denselben.

Bildhauer Walk schuf mit seinem 1986 aufgestellten Denkmal für die »Feschwiever« kein verklärendes Idyll, wie man es aus Köln zur Genüge kennt. Stattdessen transportiert diese Skulptur Bilder eines harten, illusionslosen Arbeitsalltags. Das entlastende Quäntchen Humor findet man am Sockel der Schale, der von einem wilden, immer halb im Wasser schwimmenden Fries umspielt wird: Fische, Muscheln und – ein Papierschiffchen.

Und heute? Auch im Stadtmuseum findet man eine Fischweib-Figur, hier aus dem 15. Jahrhundert. Ein echter Fischmarkt wird einmal monatlich am Deutzer Tanzbrunnen abgehalten (www.rheinlust.de). | **ÖPNV** Stadtmuseum: Bahn 3, 4, 5, 16, 18 bis Haltestelle Appellhofplatz; Fischmarkt: Bahn 1, 7, 9 bis Heumarkt | **Bild oben** »Feschwiev« im Stadtmuseum | **Bild unten** Der Fischweiberbrunnen am Fischmarkt

25 Karl Flach

... und die »Sexy-mini-super-flower-pop-op-cola«

Eigentlich könnte man als Kölner einen gewissen Stolz empfinden angesichts der Tatsache, dass hier die erste deutsche Cola erfunden wurde. Aber leider klebt an der Geschichte von Afri-Cola ein brauner Fleck, der noch dunkler ist als das Gebräu selbst. Der in Bonn als Sohn eines Schreiners und jüngstes von zehn Kindern geborene Karl Flach hatte die Marke Afri am 26. Juni 1931 als Warenzeichen eintragen lassen. Flach war in den USA auf Coca-Cola gestoßen und verfügte über genug unternehmerisches Gespür, um hier eine Marktchance zu wittern. Ebenfalls von einer Amerikareise brachte er einen Coca-Cola-Deckel mit, der in hebräischer Schrift mit dem Wort »koscher« bedruckt war. Daraufhin startete seine Firma 1936 eine Werbekampagne, die das Konkurrenzunternehmen aus Übersee als jüdisch denunzieren sollte.

Andere Werbekampagnen nach dem Krieg waren zugleich erträglicher und erfolgreicher. Ende der 1960er kreierte der Fotograf Charles Wilp eine Aktion mit dem Slogan »Sexy-mini-super-flower-pop-op-cola – Alles ist in Afri-Cola ...«. Die dazu tanzenden Mädchen (und Nonnen) trafen offenbar ebenso den Geschmack des Publikums wie die neu geformte 0,2-Liter-Flasche des Designers Jupp Ernst: Die beidseitigen Mulden erhöhten die Griffigkeit und sollten zugleich an einen wohlgeformten Frauenkörper erinnern. Damals war außerdem bereits seit einigen Jahren Flachs zweite Innovation auf dem Markt, die ebenfalls bis heute Bestand hat: Bluna, eine gelbe Limonade.

Das bereits 1864 am Kölner Holzmarkt gegründete Unternehmen hatte sich ursprünglich auf die Produktion von Likör- und Limo-Essenzen beschränkt. Wie das Palmenlogo, so erinnert auch der Name der dunklen Brause nicht zufällig an den »schwarzen Kontinent«. Denn Afri-Cola steht für die Afrikanische Cola-Bohne, die gemäß Lebensmittelrecht seinerzeit in jedem Cola-Rezept enthalten sein musste.

Und heute? Afri-Cola ist nach Süddeutschland verkauft. Auf dem alten Firmengelände an der Turiner/Ecke Dagobertstraße entsteht ein Neubau, in dessen Fundament dem Vernehmen nach eine Flasche Afri-Cola vermauert wurde. | **ÖPNV** Turiner Straße: Bahn 12, 15, 16, 18 bis Haltestelle Ebertplatz | **Bild** Afri-Cola-Flasche im Agnesviertel, Neusser Wall

26__ Heinz Flohe

Die Flocke vom Dom

Für viele Experten zerfällt die große Zeit des 1. FC Köln in zwei
Ären: die von Hans Schäfer (1948–65 beim FC, 507 Pflichtspiele,
304 Tore, Deutscher Meister 1962 und 64) und Wolfgang Overath
(1962–77, 119 Tore in 542 Spielen, Meister 1964, Pokal 1968 und
77). Aber diese Aufzählung wäre unvollständig ohne einen Mann,
der direkt nach Overaths Rücktritt die Kapitänsbinde überstreifte:
Heinz Flohe, genannt »Flocke«.

Der aus Euskirchen stammende Mittelfeldspieler betrat erstmals
1965 bei einem Spiel der Jugend-Nationalmannschaft das große
Fußballparkett. Schon in der folgenden Saison stand er beim 1. FC
Köln, dem ersten Meister der Bundesligageschichte, unter Vertrag.
Bis zu seinem letzten Spiel galt Flocke als filigraner Dribbler, exzel-
lenter Passgeber und echter Kumpel. Sein größter Erfolg datiert auf
den 29. April 1978. Zwei Wochen zuvor hatte der FC unter Flockes
Führung mit einem 2:0 gegen Fortuna Düsseldorf den Pokal ge-
wonnen. Und nun ging es am letzten Bundesligaspieltag in St. Pauli
um das Double. Der punktgleiche Verfolger Gladbach überrannte
die Dortmunder Borussen in einem Skandalspiel mit 12:0. Aber
dank eines 5:0 in Hamburg (2 Tore: Heinz Flohe) behielten die
Geißböcke die Nase ganz knapp vorn – und gewannen das Double.

Im Interview »Die Faust Gottes« mit dem Autor dieses Buches
erklärte Flohe, wie es zu diesem Erfolg kam. Trainer Hennes Weisweiler habe damals ein modernes Kurzpassspiel etabliert, Overaths
lange Bälle hatten sich überlebt. Außerdem hat »der Hennes mit
uns trainiert, die Flanken und Ecken ganz stramm reinzubringen,
nicht so Dinger, wo oben Schnee drauf ist«. Weil er im Finale 1974
nicht eingesetzt wurde, fühlte Heinz Flohe sich nie als Weltmei-
ster. Eine Verletzung zwang ihn 1980 zur Beendigung seiner Karriere. Danach plagten ihn schwere Herzprobleme. Im Mai 2010
erlitt er einen Zusammenbruch und lag drei Jahre im Wachkoma,
bevor er friedlich starb.

Und heute? Fotos von Heinz Flohe finden sich zum Beispiel im Geißbockheim und im FC-Museum im RheinEnergieStadion (www.fc-koeln.de/stadion/museum). | **ÖPNV** FC-Museum/Stadion: Bahn 1 bis Haltestelle Stadion | **Bild oben** Heinz Flohe mit Meisterschale auf dem Rathausbalkon 1978 | **Bild unten** Das Kölner Stadion heute

27 Grete Fluss

»Och wat wor dat fröher schön doch en Colonia«

Als auch 1930 wieder eine kölsche Karnevalsrevue im Theater Groß-Köln ansteht, ist von vornherein klar, wer die Titelrolle der »Fastelovendsprinzessin« spielen wird: niemand anders als Grete Fluss, der unbestrittene Revuestar jener Jahre. Was diese Session jedoch unvergesslich macht, ist ein Lied, das Willi Ostermann der Hauptdarstellerin auf den Leib schrieb. »Och wat wor dat fröher schön doch en Colonia« wird zum kölschen Evergreen. Grete Fluss füllte die Karnevals- und Stimmungssäle der Vorkriegszeit stets bis auf den letzten Platz. Im Gegensatz zu ihrer Nachfolgerin Trude Herr ist sie jedoch in ihrer Heimatstadt heute weitgehend vergessen.

Geboren wurde die Frau mit der raumgreifenden Stimme als neuntes von 24 Kindern eines Polsterers und Kohlenhändlers. Anton Fluss musizierte zudem auf Volksfesten, um die vielköpfige Familie durchzubringen. Hier mag Gretes Talent herstammen, und vielleicht war es das raue, ärmliche Milieu von Unter Kranenbäumen, das ihr die nötige Durchsetzungskraft fürs spätere Künstlerdasein verlieh. Schon mit 14 Jahren feierte sie ihre Karnevalspremiere als Sängerin, und bis 1910 hatte sie sich auf den von Männern dominierten Fastelovendsbühnen festgesetzt. Grete Fluss galt als schlagfertig und ungemein präsent – eine Vollblut-Komödiantin, die mit ihrem Programm bald auch deutschlandweit auf Tournee ging.

Ihren 65. Geburtstag am 6. Januar 1957 begeht Grete Fluss mit der Revue »Stell dich jeck«, präsentiert im legendären Kaiserhof. Auch die nachfolgenden Shows verlaufen recht erfolgreich, aber 1962 ist endgültig Schluss. Nach 56 Bühnenjahren, nach unzähligen Songs und insgesamt 30 Revuen nimmt Grete Abschied von der Bühne. Vom Hohenzollernring zieht sie mit ihrem Mann Ludwig Westkamp nach Unkel am Rhein und widmet sich fortan einem Hobby, das man von dieser temperamentvollen Frau nicht unbedingt erwartet hätte: dem Stricken.

Lieblingsfrau des Maharadscha
Grete Fluß

Und heute? Grete Fluss wurde zwar noch immer keine Kölner Straße gewidmet, aber wer möchte, kann sie mit der stämmigen Schmitze-Billa-Figur an der Nordecke des Ostermann-Brunnens auf dem Willy-Ostermann-Platz in der Altstadt identifizieren. | **ÖPNV** Brunnen: Bahn 1, 7, 9 bis Haltestelle Heumarkt | **Bild oben** Grete Fluss als »Lieblingsfrau des Maharadscha« | **Bild unten** Der Ostermannbrunnen

28 Nikolaus Friedrich

Der »Tauzieher«

Er hockt auf einem Poller, überlebensgroß. Muskulöse Gliedma-
ßen, hoch konzentrierter Gesichtsausdruck, aber eine irgendwie
unvorteilhafte, zusammengekauerte Körperhaltung. Und warum
ist der Mann nackt? Ein heutiger Bildhauer hätte eine andere Form
der Darstellung gewählt, aber der »Tauzieher« im Rheinauhafen
stammt ja auch aus dem Jahr 1911. Kein Übermensch, noch nicht
einmal ein verdienter Bürgersmann oder gar ein berühmter Herr-
scher, sondern ein Arbeiter. Oder wie der Kunsthistoriker Helmut
Fußbroich es sagt: »Ein Denkmal künstlerischer Emanzipation –
der Tauzieher als negativer Heroe.« Schon die Präsentation des
kleinen Modells während einer Ausstellung in der Flora drei Jahre
zuvor soll Aufsehen erregt haben. Der unbekleidete Beau kam an
bei Kölns Kunstkennern. Flugs wurde eine Sammlung ins Leben
gerufen, und die Gelder sprudelten reichlich.

Sein Schöpfer, Nikolaus Friedrich, wurde 1865 in Köln geboren.
Sohn einer Handwerkerfamilie, studierte er ab 1891 an der Zeichen-
schule Wilhelm Albermanns. Von seinem Lehrer stammen in Köln
unter anderem die Statuen von Wallraf und Richartz vor dem Museum für Angewandte Kunst sowie der Jan-von-Werth-Brunnen auf
dem Alter Markt. In dieser Zeit arbeitete Friedrich mit an der Vorbe-
reitung zur Weltausstellung in Chicago, um sich dann an der Berliner
Akademie endgültig der Bildhauerei zu widmen. Dort schloss er
sich den progressiven Künstlern der »Berliner Secession« an, einer
Gruppe, in der eine naturalistische, an der Alltagswelt orientierte
Strömung dominierte. Hier schlug er dann wohl auch jenen Weg
ein, der ihn zu seinem Kölner Bootsmann aus Muschelkalk führte.

Nikolaus Friedrich starb am 6. Februar 1914, der Tauzieher
blieb seine einzige Monumentalfigur. Auch gut 100 Jahre später
steht diese noch genau dort, wo man sie damals platzierte: in der
Flucht von Malakoffturm und Drehbrücke, gegenüber dem heutigen Schokoladenmuseum.

Und heute? Eine weitere Friedrich-Skulptur, die »Sterbende Amazone«, findet man im Subtropenhaus des Botanischen Gartens. | **ÖPNV** Tauzieher/Rheinauhafen: Bahn 1, 7, 9 bis Haltestelle Heumarkt | **Bild** Der Tauzieher im Rheinauhafen

29_ Friedrich von Isenberg

Der Mörder des Erzbischofs

Er hatte sich verkleidet an jenem Elften im Elften 1226, aber weiß Gott nicht zum Spaß. Der Mann, der ihn trotz der Kaufmannskluft erkannte und gefangen nahm, erhielt vom Kölner Erzbischof 2.000 Mark Kopfgeld. Nach zwei Tagen Kerker führte man Friedrich Graf von Isenberg zum Judenbüchel, einem ehemaligen Hügel auf dem Gebiet des heutigen Großmarktes, der traditionell als Richtstätte diente. Der Henker zerschlug ihm zunächst alle Knochen, um ihn anschließend zu rädern. Und nach mittelalterlichen Maßstäben traf ihn all dies sogar zu Recht.

Es ging um die Vogteirechte des Stiftes Essen, also letztlich um Macht und Geld. Wie viele andere Adelige missbilligte Friedrich die Expansionsbestrebungen seines Onkels, aber er wusste, er würde den Kürzeren ziehen. Denn dieser Onkel, Engelbert I. von Berg, war zugleich der mächtige Erzbischof von Köln. Trotz der Unstimmigkeiten waren sie am 7. November 1225 zusammen gen Schwelm losgezogen, wo Engelbert eine Kirche weihen wollte. Sein Gefolge hatte er bereits vorausgeschickt, als sein Neffe ihn in einem Hohlweg hinterhältig umzingeln ließ. Der Erzbischof versuchte zu fliehen, wurde jedoch vom Pferd gerissen. Dann hieb und stach man berserkerhaft auf ihn ein. 47 Verletzungen zählte sein Biograf Caesarius von Heisterbach. Vor allem der völlig zerschlagene Schädel soll jene erschüttert haben, die den Leichnam am Abend fanden.

Heinrich I., Engelberts Nachfolger, schwört bittere Rache. Mehrere Schergen Friedrichs werden schon in den nächsten Tagen verhaftet, gefoltert und ermordet. Friedrich allerdings gelingt es über ein Jahr lang, seinen Häschern zu entkommen. Aber dann tappt er bei Lüttich in die Falle.

Manche Historiker nehmen an, dass Friedrich seinen Oheim ursprünglich als Geisel hatte nehmen wollen. Ein toter Erzbischof konnte ihm und seinen Verbündeten eigentlich nur schaden. Aber wie man sieht: Solche Sachen können eskalieren.

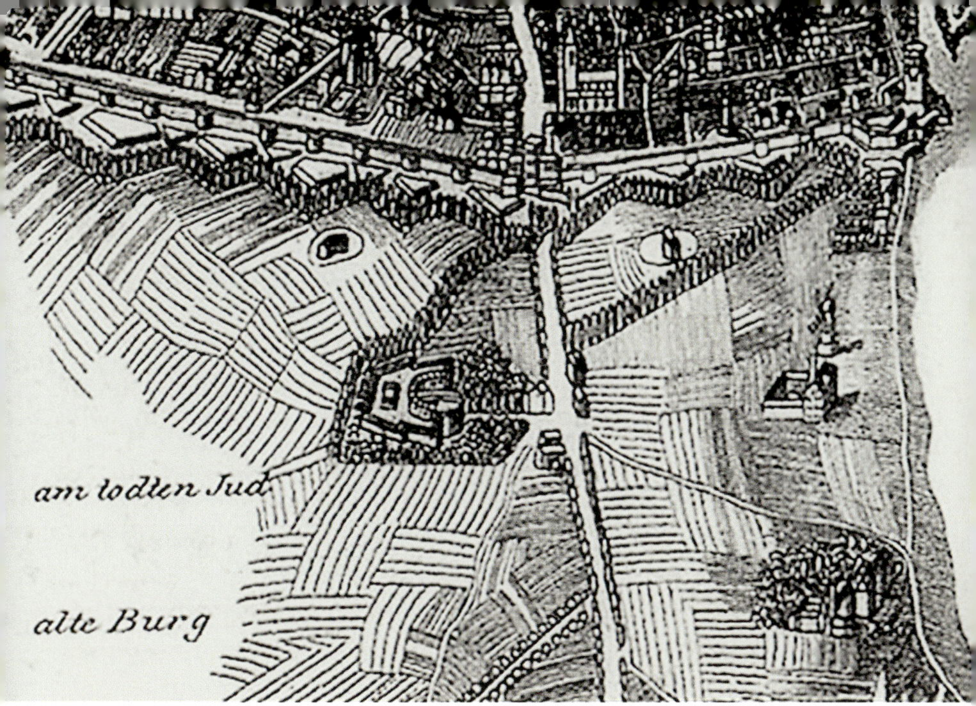

am todten Jud

alte Burg

Und heute? Friedrichs Stammsitz, die Isenburg, steht als Ruine in Hattingen (www.burg-isenberg.de). Am einstigen Judenbüchel liegt heute der Kölner Großmarkt. | **ÖPNV** Großmarkt: Bus 132, 133 bis Haltestelle Mansfeld | **Bild oben** Der Judenbüchel auf einem Stich des 19. Jahrhunderts | **Bild unten** In der Großmarkt-Halle

30 — Fyegin von Broickhusen

Brauen – eine Sache der Frauen

Im Jahr 1420 wurde Fyegin von Broickhusen zur Pendlerin. Per Vertrag verpflichtete sie sich, nach Köln zu kommen und jeweils »zwei Männer treu und fleißig nach meinem besten Vermögen« in einer besonderen Kunst zu unterrichten: »gute Grut zu machen«. Acht Jahre lang bezahlte die Stadt sie in der Folge dafür, Kölner Männern das Bierbrauen beizubringen.

Wie im alten Ägypten und zur Zeit der Germanen, so war auch das gesamte Mittelalter hindurch Brauen eine Sache der Frauen. Möglicherweise hat diese Tradition sogar biologische Wurzeln. Bei Hitze sondert der Mensch nämlich die für den Gärprozess so wichtigen Hefezellen ab – Frauen deutlich mehr als Männer. Die Utensilien zur Herstellung von Bier gehörten vielerorts zur Mitgift, zugleich brachte das Handwerk einige Vorrechte und Rituale mit sich. Ausschließlich Frauen trafen sich zum Kindbiertrunk sowie zum Kirchzechen, mit dem die Wöchnerin ihre Entbindung und den ersten Kirchgang feierte. Und vor dem Kaffee- gab es das Bierkränzchen: Das erste Fass stach die Brauerin im exklusiven Kreis ihrer Freundinnen und Nachbarinnen an, Männer hatten in dieser Runde nichts zu suchen. Wie der Braukessel, so war auch später der Brauhaus-Beichtstuhl nicht selten in Frauenhand.

Fyegin von Broickhusen steht somit am Anfang einer Entwicklung, die später Leute wie Peter Joseph Früh und Heinrich Reissdorf hervorbrachte. Der Wechsel von weiblichen zu männlichen Brauern hatte letztlich patriarchale Hintergründe. Mit dem Verbundbrief und seinen Folgen war 1396 die Handwerkerschaft enorm erstarkt. Als Brauer/-in hatte man plötzlich Macht, und die nahm Mann den Frauen flugs aus der Hand. Im Übrigen wirft Fyegins Herkunft auch ein irritierendes Schlaglicht auf heutige Rivalitäten zwischen Alt- und Kölschtrinkern. Denn diese Frau kam aus Gerresheim, einer damals eigenständigen Stadt, die 1909 eingemeindet wurde. Nach Düsseldorf.

Und heute? Der Kölner Brauerei-Verband (www.koelner-brauerei-verband.de) widmet Fyegin einen kurzen Absatz. Das städtische Brauhaus am Marienplatz 4, in dem sie damals vermutlich lehrte, beherbergt heute den Kölner Frauengeschichtsverein. | **ÖPNV** Marienplatz: Bahn 1, 7, 9 bis Haltestelle Heumarkt | **Bild oben** Bierbrauer-Paar aus dem 17. Jahrhundert | **Bild unten** Haus Marienplatz 4

31 Gallus von Clermont

Ein galliger Gast

Vielleicht hatte er zu intensiv das Neue Testament gelesen, vor allem jene Stelle, wo Jesus rabiat den Tempel »reinigt«. Dass er in geistlichen Dingen keine Kompromisse kannte, bewies Gallus schon in seiner Sturm-und-Drang-Zeit. Der Sohn eines Clermonter Ratsherrn zeichnete sich im Kloster »durch seinen Hang zur Abtötung und seinen Eifer in allen gottseligen Übungen« aus, heißt es in einer Heiligenvita von 1864. Und dort wird auch berichtet, dass Gotenkönig Theoderich (451 – 526) ihn freudig in seinen Hofstaat aufnahm. Als dessen Gesellschafter kam Gallus im Jahre 520 nach Köln – und war blank entsetzt.

Denn waren diese Menschen seit den Tagen des römischen Kaisers Konstantin auch offiziell Christen, so hielten sie doch an unflätigsten Bräuchen fest. Der Kleriker beobachtete eines ihrer heidnischen Opferfeste, während dessen sich das Volk der »maßlosesten Böllerei« überließ. Gallus kam die Galle hoch. Als die Nacht am stockfinstersten war, schlich er sich in den Götzentempel und setzte ihn in Brand. Lange erfreuen konnte er sich jedoch nicht an seinem Werk. Die kölnischen Heiden stürmten mit ihren Knüppeln schneller die Straßen, als Gallus sich hätte träumen lassen. Gerade eben noch rettete er seine Haut in den Palast des Königs (wohl das alte Prätorium aus Römerzeiten) und traute sich hernach nicht mehr heraus. Der König selbst musste sich ans Fenster begeben, um die aufgebrachten Verfolger zu beschwichtigen.

Im Nachhinein, so erzählt Gallus' Neffe Gregor von Tours, habe sein Onkel häufig bedauert, damals in Köln nicht den Märtyrertod gestorben zu sein. Die Erhebung zum Bischof seiner Heimatstadt Clermont wäre dann natürlich ausgefallen wie manches andere. Zum Beispiel die diversen Wunder, wegen derer er schließlich sogar heiliggesprochen wurde. Dem König und den Kölnern sei Dank.

Und heute? Der Tag des heiligen Gallus ist der 1. Juli. Kölns einstiger Götzentempel ist verschwunden, aber heidnische Bräuche werden hier noch immer gepflegt. | **Bild oben** Historisches Gallus-Porträt | **Bild unten** Kölner Heide im Severinsviertel

32_ Henrich Gappertz
Der Neinsager wider Bonaparte

1799 beendete Napoleon Bonaparte durch einen Staatsstreich die Französische Revolution. Bevor er sich Ende 1804 vom Diktator zum Kaiser aufschwang, ließ er das Volk pro forma darüber abstimmen. Auch im seinerzeit besetzten Köln sollten die Untertanen ihr Kreuzchen machen, schließlich waren sie französische Staatsbürger. Also schmiss man den vor Ort stationierten Beamtenapparat an. Am 29. Mai konnte Quartier-Kommissar Georg Guffanti seinem Polizeichef berichten, dass der Job erfolgreich erledigt sei. Seine »Bürger« hätten sämtlich unterzeichnet. Allerdings, so musste er hinzufügen, habe es bei 4.198 Ja-Stimmen einen Neinsager zum erblichen Kaisertum des Bonaparte gegeben. Einen Mann namens Henrich Gappertz.

Man weiß heutzutage beinahe nichts weiter über Gappertz, als dass er ein (ehemaliger) Schneider war und auf dem »Lichthof Nr. 1005« französischer Zählung wohnte. Dennoch wollen wir ihn hier für einen Augenblick als kleinen proletarischen Helden wider alle Majestäten und Besatzer feiern. Denn zum Zeitpunkt seiner Verweigerung hatte sich das übrige Köln längst mit den welschen Okkupanten arrangiert.

Napoleon hatte im Konkordat von 1801 einen Friedensvertrag mit dem Papst geschlossen. Das dürfte ihm im katholischen Köln genauso viele Sympathien eingebracht haben wie sein erster Besuch am Rhein 1804. Vom 13. bis 17. September weilte er mit Gattin Josephine in Köln und nutzte die Gelegenheit dazu, das vermögenswirksame Stapelrecht der Stadt zu verlängern. Dass der Schneider Gappertz dennoch nicht in den allgemeinen Applaus einstimmen wollte, hatte seine Gründe. Allerdings waren sie, und das relativiert sein kölsches Heroentum ein wenig, weder politischer noch patriotischer Natur, sondern pekuniärer. Sein Votum begründete er nämlich folgendermaßen: »Wann Bonaparte mir mein weggenohmenes eigenthum wiedergibt, so macht ich leyden, daß er Kayser wird.«

Und heute? Die einzige Erwähnung Henrich Gappertz' findet man im Ausstellungsreader »Die französischen Jahre« (Historisches Archiv, Köln 1994). Einige französische Straßenschilder aus der Besatzungszeit haben sich erhalten: Rue de L'Arsenal/Zeughausgasse (am Stadtmuseum), Place du Tilleul/An der Lind, Rue de l'Écrevisse/Krebsgasse, Porte de l'Aigle/Eigelsteintor, Porte des Coqs/Hahnentor. | **ÖPNV** Hahnentor: Bahn 1, 7, 12, 15 bis Haltestelle Rudolfplatz | **Bild oben** Kölner Stadtwappen von 1811 | **Bild unten** Straßenschild aus der Franzosenzeit

33 Franz Christian Gau

Vom Dom über Nubien ins 7. Arrondissement

Als am 15. Januar 1971 der gigantische Assuan-Staudamm eröffnet wurde, bedeutete dies das Aus für zahlreiche jahrtausendealte Kulturorte. Einige wenige, wie die Tempelanlage von Abu Simbel, wurden an höherer Stelle neu errichtet. Dass sie überhaupt wiederentdeckt und in Bildern verbreitet wurden, verdankt sich nicht zuletzt dem Abenteuergeist und Zeichentalent eines jungen Kölners: Franz Christian Gau.

Der Sohn eines Kaufmanns aus der Kölner Altstadt hatte sich zwar auch mit Mathematik und Physik herumzuschlagen, aber bereits früh zusätzlich Unterricht im Zeichnen genossen. Weil er sich außerdem für Architektur begeisterte, kopierte er mit Vorliebe die historischen Gebäude und Kunstwerke Kölns. Konsequenterweise zog es ihn bald nach Paris, wo er seine Studien vertiefte. Sein Talent kompensierte seinen Geldmangel, Gau fand honorige Gönner. Einer von ihnen war der preußische Baron von Sack, der bereit war, ihn 1818 auf eine Reise nach Ägypten mitzunehmen. Die beiden überwarfen sich jedoch – möglicherweise wegen der Annäherungsversuche von Sacks. Anstatt nach Hause zurückzukehren, zog Gau weiter, bis nach Nubien hinein, in Gegenden also, die vor ihm kaum ein Europäer je gesehen hatte. All dies bewältigte er ohne vernünftige Landkarten, ohne Sprachkenntnisse und praktisch ohne einen Pfennig in der Tasche. Zwei Jahre später brachte er eine prall gefüllte Mappe mit Aquarellen und Zeichnungen mit nach Paris, die als Druckwerk weite Verbreitung fand. 1826 nahm Gau die französische Staatsbürgerschaft an, arbeitete als königlicher Baumeister und hieß fortan François Chrétien mit Vornamen. Wer daran zweifelt, dass er auch als Franzose seiner alten Heimatstadt verbunden blieb, der möge sich einmal die von Gau entworfene Kirche St. Clotilde im 7. Pariser Arrondissement ansehen. Die sieht nämlich aus wie eine Bonsaiversion des Kölner Doms.

Und heute? Neben der Pariser Kirche St. Clotilde erinnert eine Braunsfelder Straße an Gau. Im Frühjahr 2013 war ihm eine Ausstellung im Kölner Stadtmuseum gewidmet, deren Exponate wieder in verschiedenen Museumsdepots verschwanden, unter anderem dem des Ludwig- und Diözesanmuseums. | **ÖPNV** Christian-Gau-Straße: Bahn 1 bis Haltestelle Maarweg | **Bild oben** Historisches Gau-Porträt

34_ Gebhard von Waldburg

... und die schöne Mansfelderin

Aus heutiger Sicht kaum denkbar: Da gab es tatsächlich einen Erzbischof, der Köln protestantisch machen wollte? Die Stadt im Schatten des – na gut: halb fertigen – Doms, des katholischen Bollwerks schlechthin? Ja, diesen Mann gab es, er hieß Gebhard von Waldburg. Und sein Motiv? – Na was schon: die Liebe.

Agnes von Mansfeld stammte aus verarmtem Adel und war als Stiftsdame in das Kloster Gerresheim (nahe Düsseldorf) eingetreten. 1579 kam sie in Begleitung ihrer Schwester nach Köln und erregte sofort Aufsehen: schwarze Haare, dunkler Teint, tiefbraune Augen, bald schon sprach man von ihr als der »schönen Mansfelderin«. Wie viele andere verfiel ihr auch der 32-jährige Gebhard von Waldburg, als Kurfürst und Erzbischof zu Köln einer der mächtigsten Männer im ganzen Reich. Die Sitten hatten sich im Zuge von Luthers Reformation ein wenig gelockert, dennoch blieb diese Liaison dangereuse und verboten. Außerdem wollte sich Agnes verständlicherweise nicht dauerhaft mit der Rolle einer Mätresse zufriedengeben. Nachdem seine Versuche, Köln zu reformieren, sämtlich scheiterten, zog Gebhard die ebenso unweigerlichen wie folgenschweren Konsequenzen: Er trat zum Protestantismus über und heiratete seine vier Jahre jüngere Geliebte. Am 2. Februar 1583 feierten sie in einer Bonner Schänke ihr rauschendes Hochzeitsfest. Zumindest bis zu dem Moment, da ihre Widersacher die Party gewaltsam sprengten.

Was nun begann, ging als der Kölner oder auch Truchsessische Krieg in die Geschichtsbücher ein. Fünf Jahre bekämpften sich Gebhards Truppen und die der Kölner. Wie aus Bonn, so mussten Agnes und Gebhard auch aus Delft fliehen, bevor der Krieg 1588 mit einer vollständigen Niederlage endete. Seine letzte Zuflucht fand das vom Papst gebannte Paar in Straßburg, wo Gebhard 1601 nach langer Krankheit starb. Agnes überlebte ihn um 36 zurückgezogen verbrachte Jahre.

Und heute? Die Hochzeitsschänke von Gebhard und Agnes war das Bonner Höttche am Markt 4, das allerdings damals noch anders hieß (täglich ab 11 Uhr, www.em-heottche.de). | **ÖPNV** Bonn: U63, 66 bis Haltestelle Universität/Markt | **Bild oben** Agnes und Gebhard | **Bild unten** Innenhof des Erzbischöflichen Palais zu Köln

35___ Hermann Götting
Der Mann mit dem Hut

Originale müssen offenbar tot sein, damit man sie so richtig zu schätzen weiß. Manchmal merkt man als Zeitgenosse gar nicht, dass da jemand durch die Straßen streunt, dessen Anblick man schon bald vermissen wird. Und erst in der Rückschau wachsen sich seine Laster und Leidenschaften zur Legende aus. Eines dieser Originale, das erst vor vergleichsweise kurzer Zeit starb, ist der Sammler Hermann Götting.

Dass es mal so weit kommen sollte mit diesem unehelichen Sohn einer Schuhmacherfamilie, war nicht abzusehen. Nach Schule und Bundeswehr ging Hermann Götting zunächst einer geregelten Beschäftigung nach: als Bahnschaffner bei der KVB. 1968 jedoch starb sein Beruf aus, und Götting verdingte sich fortan als Kellner und Conférencier. Manch einer mag sich heute noch erinnern an diesen fülligen Kerl, der stets durch wallende Gewänder, ausgefallene Hüte und den allgegenwärtigen Fächer auffiel. Der eine tuschelte, wenn er ihn erblickte, der Nächste lästerte. Aber allesamt waren sie auch ein bisschen neugierigneidisch ob dieser mutigen Extravaganz. Gern ließ Götting sich auf presserelevanten Partys blicken, seine großen Hunde immer im Schlepptau. Seine Passion jedoch waren die Alltagsgegenstände und Leuchtreklamen der Nachkriegszeit, speziell der 50er Jahre. Was viele nicht wissen: Götting sammelte nicht nur, sondern beschaffte sich seine Objekte auch aktiv selbst. Dabei scheute er keinerlei Risiko. Vom Messeturm in Deutz etwa ließ er sich 1993 abseilen, um den 4711-Schriftzug eigenhändig abzuflexen.

Zeit seines Lebens träumte Götting davon, seine umfangreiche Sammlung einst in einem eigenen Museum für Alltagsgeschichte präsentieren zu können. Sein Wunschort: die jahrzehntelang leer stehende Fifties-Tanke an der Deutz-Kalker Straße. Aber daraus wurde nichts. Hermann Götting starb 2004, und an der Tankstelle wird inzwischen wieder Benzin gezapft.

Und heute? Hermann Götting liegt auf Melaten begraben (Flur 28), seine Stele wird von einem jener weiß wallenden Schals umhüllt, die er zeitlebens trug. Ein Großteil seiner Sammlung wanderte mangels Kölner Interesse ins Museum für Angewandte Kunst in Gera. | **ÖPNV** Fifties-Tankstelle: Bahn 1, 9 bis Haltestelle Deutz/Kalker Bad; Melaten: Bahn 1 bis Melaten | **Bild** Hermann Götting mit Hunden

36_ Tossanus Hariga de Gratia
Der spanische Tabak-Pionier

Im Mai 2013 begann auch in Köln die Ära des totalen Rauch-verbots. Wie das Ende, so war auch die Anfangszeit des Tabaks von Streitereien geprägt. Eine erste Nachricht zu diesem Kulturkampf stammt aus dem Jahr 1612. Da soll plötzlich ein Mann mit einer Pfeife im Mund eine Kneipe in der Weidengasse betreten haben. Wahrscheinlich hatte er sein Kraut von spanischen Soldaten bekommen, die in dem Ruf standen, »Feuer samt Rauch zu fressen«. Jedenfalls setzte er sich zu drei Zechern, paffte sie voll und genehmigte sich wohl auch noch einen tiefen Schluck aus einem der Humpen. Das war dann natürlich des Dreisten zu viel. Eine Schlägerei entwickelte sich, der Wirt rief die Ordnungshüter, dank deren Protokoll wir von dieser ersten Kölner Rauchmeldung wissen.

Richtig populär wurde das »Tabaksaugen« während des Drei-ßigjährigen Krieges. Mit Tossanus Hariga de Gratia war es wiederum ein Spanier, der 1628 den ersten Kölner Tabakwarenhandel eröffnete. Im selben Jahr wurde auch die erste Steuer auf seine Produkte erhoben. Und damit nicht genug. Mehrmals versuchte man von oben her, jeglichen Tabakkonsum zu verbieten. Während man auf dem Gebiet der gleichzeitigen Hexenverfolgung tödlich konsequent blieb, kam man gegen dieses neue Übel nicht an. Erlaubt war lediglich die Abgabe in Apotheken, gesunde Raucher und Schnupfer wurden mit Geldstrafen und Arrest bedroht. Aber niemand scherte sich darum. 1650 wurde der Tabak schließlich legalisiert, es begann die industrielle Blüte der Pflanze aus Übersee.

Auf den Händler Hariga de Gratia folgte 1735 mit Heinrich Joseph DuMont der erste Tabakfabrikant. Ein hervorragendes Anbaugebiet lag beispielsweise um Wittlich herum in der süd-lichen Eifel. DuMonts bekanntestes Erzeugnis, der »Rappe«, wäre sogar heute noch eine Option für den nikotinaffinen Kneipengän-ger. Dabei handelte es sich nämlich um Schnupftabak.

CLeMens AVGVStVs
VIoLenter + = AborVssIs
CaptVs et DetentVs

Und heute? Kölns bekanntester Tabakladen ist der Pfeifen Heinrichs an der Hahnenstraße 2–4. Die ursprünglich kölnische Zigarettenmarke Overstolz existiert seit 1917 bis heute. Historische Tabakdosen findet man im Museum für Angewandte Kunst (Lindgens- und Treskowsaal) und im Stadtmuseum. | **ÖPNV** MAKK: Bahn 5, 16, 18 bis Haltestelle Dom/Hbf; Pfeifen Heinrichs: Bahn 1, 3, 4, 7, 9, 16, 18 bis Neumarkt | **Bild oben** Schnupftabakdose aus dem Stadtmuseum (Mitte 19. Jh.) | **Bild unten** Auslage bei Pfeifen Heinrichs

37 — Der Grinkenschmied

Der letzte Heinzelmann

Bekanntermaßen endet die Geschichte der Heinzelmännchen mit ihrer Flucht. Die neugierige Schneidersfrau hatte sie des Nachts in ihrem Keller überrascht, und da sie nun einmal entdeckt waren, sah man sie danach nie wieder.

Natürlich kann niemand in Köln zufrieden sein mit diesem Ende, erledigten die kleinen Geister doch zuzeiten alle liegengebliebenen Arbeiten. Außerdem gehören sie zu Köln wie der Dom und 4711. Einen poetischen Kompromiss fand schließlich der Autor und Heimatforscher Franz Peter Kürten (1891–1957). Er wollte herausgefunden haben, dass zumindest ein Heinzelmann seiner Heimat treugeblieben sei. Der Grinkenschmied nämlich habe in Höhenhaus Asyl gefunden, in einer Höhle am Emberg, genannt »Aan de sibbe Bäum«. Von dort aus hatte er seine geliebte Domstadt immer im Blick.

Bei Grinken handelt es sich um jene metallenen Bänder, die um die hölzernen Reifen von Bauernkarren gespannt wurden. Der Grinkenschmied, so wird behauptet, lebte auf der Schäl Sick endlich wieder unbehelligt von Schneidersfrauen und sonstigen neugierigen Wachteln. Als Bittsteller habe man lediglich das Material vor seine Werkstatt legen müssen, um am nächsten Morgen das fertige Produkt abholen zu können. In Höhenhaus griff man die Legende gerne auf und setzte dem Grinkenschmied im Mai 1979 ein Denkmal. Seine bronzene Tafel steht in einer eigenen Nische am Rande des Wupperplatzes, dem zentralen Treffpunkt des Viertels. Der Heinzelmann schwingt den schweren Hammer seines Gewerbes, unter ihm warten Arbeitsmaterial und Amboss auf den Aufprall. Einmal im Jahr wird der Höhenhauser Dorfgnom symbolisch zum Leben erweckt. Im Rahmen eines Festzuges trägt man ihn sodann durch die Straßen, bevor er für drei Tage über das wilde Kirmestreiben wacht. Danach, so muss man sich das wohl vorstellen, kehrt er glücklich und zufrieden in seine Höhle zurück.

Und heute? Gegenüber dem Denkmal auf dem Wupperplatz steht auch eine schöne Kneipe namens »Zum Grinkenschmied«. | **ÖPNV** Wupperplatz: Bahn 4 bis Haltestelle Am Emberg | **Bild oben** Detail des Heinzelmännchenbrunnens | **Bild unten** Am Wupperplatz in Höhenhaus

38 Franz Jacob de Groote

Der von Casanova Gehörnte

Die Geschichte von Casanova und der Kölner Oberbürgermeistersfrau ist leidlich bekannt. Als der italienische Filou zur Karnevalszeit 1760 am Rhein weilte, verguckte er sich in die damals 25-jährige Maria Ursula Columba de Groote. Im Vorläufer der »Elendskirche« St. Gregor nahe dem Waidmarkt passte er sie ab. »Mimi« führte ihn ins Separee der Familienkapelle, und es geschah, was Casanova in seinen Memoiren folgendermaßen verpackt: »Man mag sich ungefähr vorstellen, welche Wonne wir miteinander in dieser glücklichen Nacht erlebten, aber man wird sie schwerlich in allen Einzelheiten erraten.«

So weit, so gut. Aber wer war eigentlich jener gehörnte Ehegatte? Franz Jacob de Groote entstammte einem flandrischen, streng katholischen Adelsgeschlecht, das im 16. Jahrhundert auf der Flucht vor der Reformation nach Köln kam. Schon vor diesem Spross der vierten Generation hatte die Familie viele Male den Kölner Bürgermeister gestellt. Wie mit seinem Beruf als Großkaufmann trat Franz auch politisch in die Fußstapfen seiner Vorväter. Außerdem betätigte er sich als Bauherr. 1764, vier Jahre nach dem berühmt gewordenen ›Fehltritt‹ seiner Frau, ließ er St. Gregor neu errichten – rheinisch-barock, wie wir die Kirche bis heute kennen.

Dass Maria zum Zeitpunkt der Hochzeit erst knapp 15 gewesen war, soll schon damals für einiges Aufsehen gesorgt haben. Ansonsten jedoch scheint die damalige Kölner Hautevolee eheliche Seitensprünge recht locker genommen zu haben. Ob de Groote auch von Casanova wusste, ist nicht bekannt. Dessen Memoiren erschienen erst 1821, Franz kann sie nicht gelesen haben. Wie Casanova berichtet, sei de Grootes Ehe jedoch von inniger Liebe geprägt gewesen. Obwohl Maria nur 33 Jahre alt wurde, entsprangen dieser Verbindung sechs Kinder. Kein Wunder, denn wie Mimi Casanova gestand, soll Franz seine Gattin jeden Tag beglückt haben.

Und heute? Die Elendskirche (An St. Katharinen) ist nur im Rahmen von Füh-
rungen zu besichtigen (Tel. 0221/36798528). Im Obergeschoss des Stadtmuseums
(Di 10–20, Mi–So 10–17 Uhr) hängt das Totenschild Maria de Grootes, gebore-
ne Pütz. **| ÖPNV** Kirche: Bahn 3, 4 bis Haltestelle Severinstraße; Stadtmuseum:
Bahn 3, 4, 16, 18 bis Appellhofplatz **| Bild** Maria de Grootes Totenschild

39__Anna Hachenberch
Das Antiphonar von St. Cäcilien

Vom 17. bis 19. Oktober 2009 machte man sich in der Kölner Cäci-lienkirche an ein ganz außergewöhnliches Musikwerk. Das Ensem-ble Candens Lilium spielte die gregorianischen Gesänge der Anna Hachenberch ein. 500 Jahre lang waren diese Noten bloßes Papier gewesen, und nun erweckte man sie aus ihrem Dornröschenschlaf.

»Dieses Buch schrieb und notierte mit großem Fleiß Anna Hachenberch. Ihre Seele möge ruhen in heiligem Frieden«, liest man in diesem sogenannten »Antiphonar«, das die choralen Jah-resgesänge der Schwestern vereint. Viel mehr ist über die Autorin leider nicht bekannt. Sehr wahrscheinlich war sie eine jener Au-gustinerinnen, die seit 1475 in St. Cäcilien lebten. Wo heute das Museum Schnütgen residiert, trafen sich damals mehrmals täglich die Ordensschwestern zum gemeinsamen Gebet. So viel steht fest. Aber zu der Frage, ob Anna lediglich kopierte oder auch kompo-nierte, schweigen die Quellen.

Eine echte Schönheit – und nebenbei außerordentlich wert-voll – ist das Buch, das Annas Notate beherbergt. Die reich be-bilderte und verzierte Handschrift stammt aus einer Werkstatt am Kölner Weidenbach und wird auf die Zeit um 1520 datiert. Die Musik, die Anna Hachenberch uns darin hinterlassen hat, geht jedoch wahrscheinlich auf noch viel ältere, tief ins Mittelalter zurückreichende Wurzeln zurück. Der Laie hört hier zunächst einmal etwas verstörend Fremdes. Egal, wie laut man den Regler dreht, die Musik wirkt immer, als komme sie aus einer sehr fernen Ferne. Sie ist unbequem, aber friedlich. Sie feiert den Frieden und riecht nach Weihrauch. Sucht man nach Parallelen, so greifen keine Vergleiche mit der klassischen, schon gar nicht mit der Pop-musik. Hin und wieder fühlt man sich an den meditativen Fluss mancher Elektronikstücke erinnert. Und auch die Anna Hachen-berch muss man sich als Schreibende wohl so vorstellen: in einem meditativen, angenehm warmen Fluss.

Und heute? Anna Hachenberchs Werk liegt auf dem Altar der Krypta von St. Cäcilien, also im Museum Schnütgen in der Cäcilienstraße 29 (Di–So 10–18, Do 10–20 Uhr). Die daraus entstandene CD »Virgo Sancta Caecilia« ist weiterhin erhältlich. | **ÖPNV** Museum Schnütgen: Bahn 1, 3, 4, 7, 9, 16, 18 bis Haltestelle Neumarkt | **Bild oben** Das Antiphonar

40_ Gottfried Hagen

... und die »Reimchronik der Stadt Köln«

Chroniken, auch gereimte, wurden für so manche mittelalterliche Stadt verfasst. Die des Stadtschreibers Gottfried Hagen aus dem Jahr 1270 weist jedoch einige Besonderheiten auf, die man – in anachronistischem Vorgriff – als »typisch kölsch« bezeichnen möchte. Im Prolog wird nicht lange gefackelt. Von Rom als Zentrum des Christentums geht es umstandslos an den Rhein, wo der in jeder Hinsicht gottgefällige heilige Maternus wirkt. Das lateinische Verb »colere« – (die göttlichen Tugenden) »pflegen« verwandelt Maternus in den Stadtnamen »Colonia«, der laut Hagen die alte Bezeichnung »Agrippina« ablöste. Mit der Christianisierung steigt die tugendhafte Metropole dann auch schnell zur »Heiligen Stadt« auf.

Neben Maternus ist es vor allem die heilige Ursula, die ihre schützende Hand über Köln hält, unterstützt von genau 6.666 Stadtheiligen. Ihre Vertreter auf Erden sind Gottfried Hagen zufolge die Overstolzen (in der harten Realität eines der einflussreichsten und umstrittensten Patriziergeschlechter des Mittelalters). Diese irdischen Helden kämpfen ohne Fehl und Tadel und bleiben jederzeit siegreich. Sind die Verfolger ihnen einmal allzu dicht auf den Fersen, teilt sich flugs der zugeeiste Rhein zur Flucht wie einst das Rote Meer der Schar des Moses. Und die Feinde der wackeren Recken sind, wie könnte es in Köln anders sein: die wechselnden Erzbischöfe.

Der Schöpfer dieses kölschen Heldenepos kam zwar tatsächlich vom Rhein, aber aus Xanten. Ab 1262 wirkte er in Köln als offenbar begehrter Urkundenschreiber. 1271 erhob man ihn zum Stadtschreiber, später auch zum Pfarrer von Klein St. Martin und schließlich zum Dechanten von St. Georg. 1299 gestorben, verpasste er den Ausschluss der Patrizier aus der Stadtführung um ein knappes Jahrhundert. Im Jahr des Verbundbriefs 1396 war es bekanntlich vorbei mit der Overstolzerei. Da halfen dann nur noch die Heinzelmännchen.

Des

Meisters Godefrit Hagen

Reimchronik

der

Stadt Cöln

Und heute? Die älteste Handschrift der Reimchronik lagert in der Frankfurter Universitätsbibliothek. Mehrere Verlage bieten moderne Nachdrucke an. Gottfried Hagens Statue am Rathausturm steht im 1. Stock, Nordseite. Die Gottfried-Hagen-Straße und das Hagen-Gelände in Humboldt-Gremberg heißen allerdings nach einem Unternehmer des späten 19. Jahrhunderts. **| ÖPNV** Rathaus: Bahn 1, 7, 9 bis Haltestelle Heumarkt **| Bild oben** Titelseite der Reimchronik **| Bild unten** Das Overstolzenhaus, einst Sitz der weltlichen Vertreter der Stadtheiligen

41 Emma von Hallberg

»Zum Dulden bin ich nicht geboren!«

In einer Biografie von 1879 wird von einer »merkwürdigen Erscheinung« gesprochen: »Man kann sie nicht gerade zu den emancipirten ihres Geschlechtes zählen, doch aber vermißt man oft wahre Weiblichkeit.« Ihre Schriftwerke seien jedoch immerhin von einer »reizvollen Poesie«, in der »die größten Gegensätze hart nebeneinander« stehen.

Emilie Emma von Hallberg wurde am 18. Oktober 1824 in Köln unter der Adresse Eigelstein 46 geboren, und hier starb sie auch mit nur 38 Jahren. Ab 1844 war sie mit dem städtischen Wagenmeister Heinrich Bunteschu verheiratet, der jedoch bereits elf Jahre später verschied. Laut der oben zitierten Quelle liebte sie es, »sich in excentrischen Kreisen zu bewegen«. Damit war dann wohl die Schriftstellerin und Frauenrechtlerin Mathilde Franziska Anneke gemeint, mit der sie einen regelmäßigen intellektuellen Zirkel organisierte – oder wie Anneke einst schrieb: »ein ästhetisches Kränzchen von lauter Communisten. Ha!« Neben dem Kölner Armenarzt und Revolutionär von 1848 Andreas Gottschalk verkehrten dort auch verschiedene literarische Größen. Emmas stärkstes Vorbild scheint jedoch Heinrich Heine gewesen zu sein. Wie dessen, so präsentiert auch Emmas Lyrik mit spitzer Feder geschriebene Verse, die von umfassender Bildung ebenso zeugen wie von einem zum Spott neigenden Humor. Zeitkritik und eine manchmal fiebrige Kampfeslust geben sich auch in ihren Gedichten gern die Hand: »Nichts schlägt den kühnen Geist in Banden! / Die stolze Seele fluthet wild / Der ew'gen Freiheit stets entgegen, / die aus dem Born Erkenntnis quillt.«

Über ein Jahrhundert lang verschwand Emma von Hallberg nach ihrem Tod in der sprichwörtlichen Versenkung, bevor verschiedene Publikationen der Frauenbewegung sie in den 1980ern wiederentdeckten. Höchste Zeit, oder um es mit ihren eigenen Worten zu sagen: »Zum Dulden bin ich nicht geboren!«

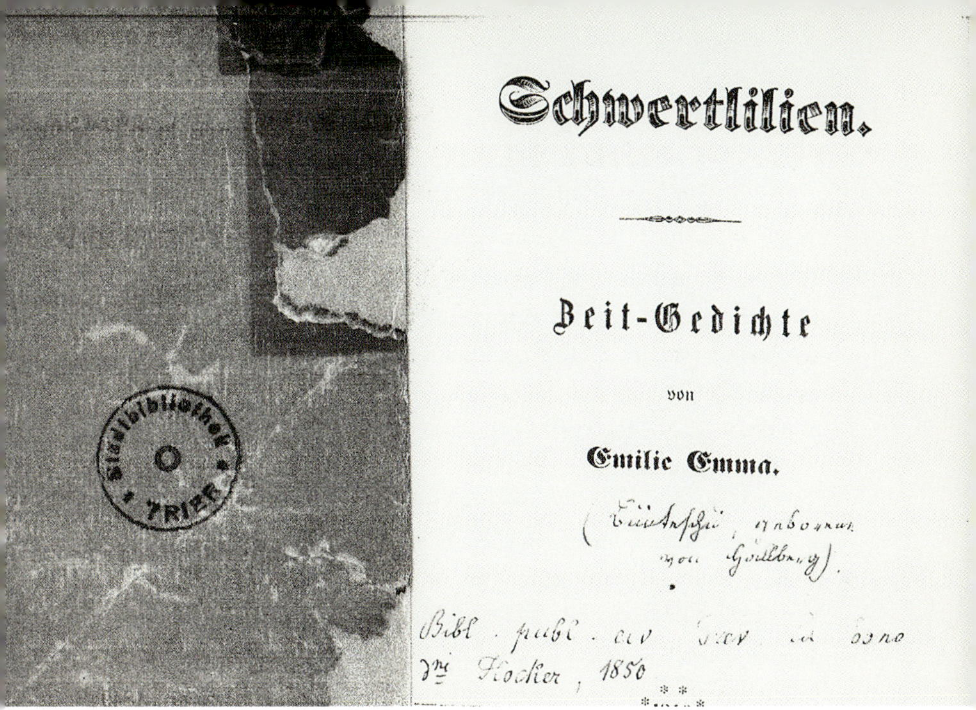

Schwertlilien.

Zeit-Gedichte

von

Emilie Emma.

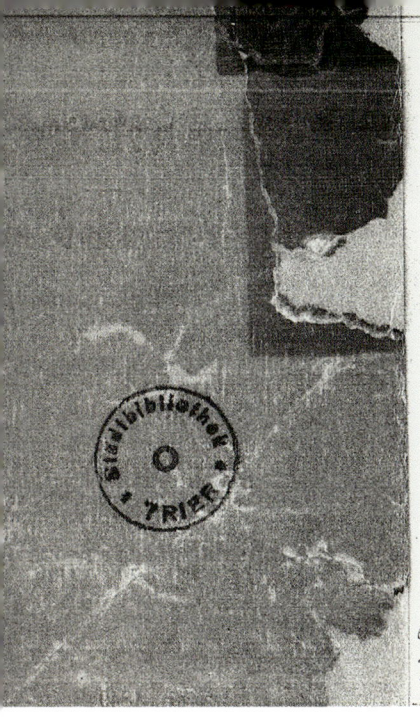

Und heute? Emmas wenige Bücher bekommt man noch antiquarisch. Am Eigelstein 46 steht heute ein Geschäfts- und Wohnhaus. | **ÖPNV** Eigelstein: Bahn 12, 15, 16, 18 bis Haltestelle Ebertplatz | **Bild oben** Titelseite des Gedichtbandes »Schwertlilien« | **Bild unten** Der Eigelstein Nr. 46 heute

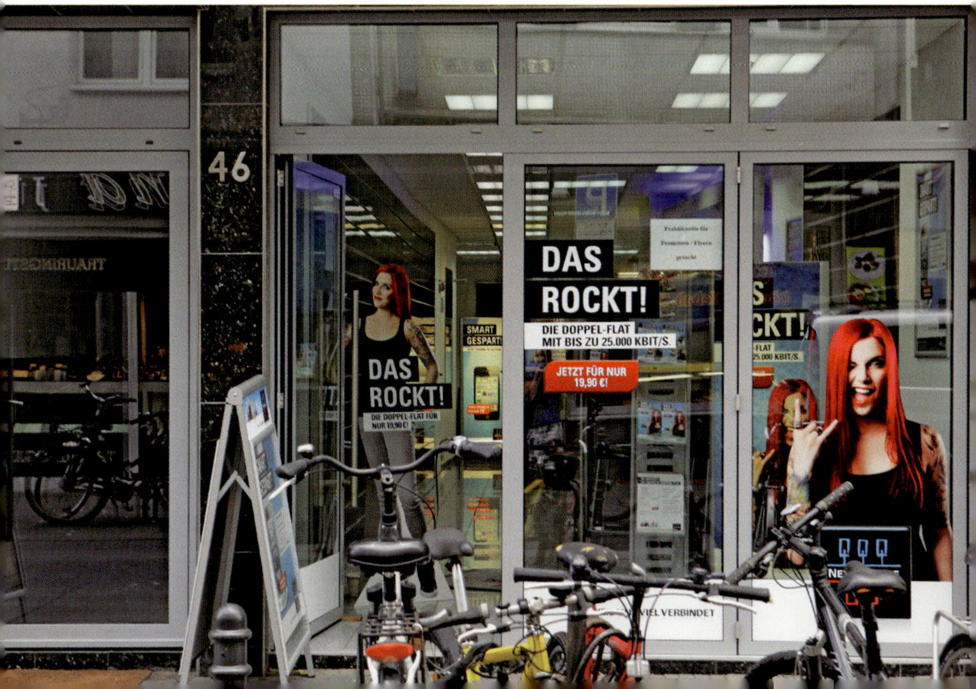

42_ Bruno Hardefust
Mit harter Faust

Die Hardefusts gehörten zu jenen Patrizierfamilien, die Köln bis 1396 mehr oder weniger beherrschten. Zwischen 1274 und 1629 amtierten 39 Jahre lang Mitglieder des Clans als Bürgermeister. Schon 1260 jedoch standen sie im Zentrum eines blutigen Streits, der Köln an den Rand eines Bürgerkriegs führte.

Bruno Hardefust machte sein Geld als Großkaufmann. Immer wieder traten er und weitere Patrizier auch als Gläubiger der klammen Stadt Köln auf. Schiere Finanznot bewog die Kommune wohl auch dazu, Hardefust 1258 für 600 Mark die Fleischbänke der Stadt zu überlassen. Neben seinen einträglichen Geschäften bekleidete er − so sagen manche Quellen − auch das Amt eines Schöffen, also eines Mitglieds des Hohen Gerichts. Dieses wurde jedoch 1259 durch den Erzbischof komplett neu besetzt, Bruno und seine Patrizier mussten Zunftvertretern weichen. Am 4. April des Folgejahres gerät Hardefust deswegen in einen Disput − ausgerechnet mit einem Fleischer. Der gekränkte Patrizier reagiert seinem Namen gemäß mit »harter Faust« und erdolcht den Handwerker. Als nun auch die Kollegen des Getöteten rotsehen, beginnt ein Gemetzel. Hardefusts Haus wird geplündert, angezündet, die Patrizier erklimmen ihre Pferde. Chronist Gottfried Hagen taxiert die Anzahl der Beteiligten auf übertriebene 20.000. Glaubhaft jedoch ist, dass am Ende des Tages 16 Tote und 50 Verletzte zu beklagen waren.

Der Erzbischof verlangt von den Patriziern, barfuß und kniend um Verzeihung zu bitten. Wer die Geste verweigert, wird enthauptet. Als im Laufe des Mai weitere Straßenschlachten drohen, lässt er insgesamt 24 Patrizier in Burgen der Umgegend einsperren. Erst zwei Jahre später werden sie wieder in die Stadt gelassen. Falls auch Bruno Hardefust unter ihnen war, scheint ihm das wirtschaftlich nicht geschadet zu haben. Schon 1264 verpfändet der Erzbischof ihm die Grut, also die zentrale Vergabe der Bierwürze.

Und heute? Die Hardefuststraße verbindet den Volksgarten mit den Ringen. | **ÖPNV** Hardefuststraße: Bahn 12, 15, 16 bis Haltestelle Eifelstraße | **Bild oben** Königsfenster im Dom, 1947 | **Bild unten** Blick von der Hardefuststraße gen Volksgarten

43 Hartlevus de Marca

Kölns erster Universitätsrektor

Ende 1388 brach in Heidelberg die Pest aus. Wer die Möglichkeit hatte, verließ die Stadt, so auch viele Studenten und Dozenten der zwei Jahre zuvor eröffneten Universität. Nicht wenige von ihnen wandten sich gen Köln, denn auch hier war die Gründung einer Alma Mater im Schwange. Am 22. Dezember des Jahres war es schließlich so weit: Im Kölner Rat wurde die vom Papst ausgestellte Gründungsurkunde verlesen. Und am 6. Januar 1389 begann der Lehrbetrieb in dieser vierten Universität des Reiches.

Auch Hartlevus de Marca gehörte zu jenen, die das verseuchte Heidelberg verlassen hatten. Man weiß nicht sehr viel über diesen Mann, der als noch nicht 30-Jähriger zum ersten Rektor der Kölner Universität wurde. Sicherlich wird er sich mit den Schriften von Albertus Magnus beschäftigt haben, dessen 1248 gegründete Dominikanerschule als Vorläufer der Universität gilt. Und selbstverständlich gehörte auch die Gedankenwelt des Aristoteles zu seinen Kernkompetenzen – die Universität Regensburg verfügt über zwei Hartlevus-Handschriften mit Kommentaren zum Werk des antiken Philosophen.

Geboren wurde der Kölner Rektor vermutlich 1360 im zur Grafschaft Mark zählenden Lüdenscheid, also gar nicht so weit entfernt von seiner späteren Wirkungsstätte. Zunächst jedoch ging er für ein Studium der Artes liberales und des kanonischen Rechts an die Karlsuniversität in Prag. Zwischen 1383 und 1385 ist er dann in Wien eingeschrieben, wo er zum Magister Artium wird. Hartlevus arbeitet als Vorsteher einer Studentenburse, genau wie zwei Jahre später in Heidelberg. Seine erste Vorlesung in Köln hält er über eine Bibelstelle, Jesaja 60,1: »Mache dich auf, werde Licht! Denn dein Licht kommt, und die Herrlichkeit des HERRN erglänzt über dir!«, heißt es dort. In diese Herrlichkeit fuhr dann auch er bald darauf ein. Denn Hartlevus starb – niemand weiß, woran – bereits im folgenden Jahr.

Und heute? Vor dem Universitätsgebäude thront Albertus, während Hartlevus keine Spuren hinterlassen hat. Dokumente zur Frühphase der Universität werden in einer eigenen Vitrine des Stadtmuseums aufbewahrt (Obergeschoss links, Mi–So 10–17 Uhr, Di bis 20 Uhr, jeden 1. Do im Monat bis 22 Uhr). | **ÖPNV** Stadt-museum: Bahn 3, 4, 5, 16, 18 bis Haltestelle Appellhofplatz | **Bild oben** Das erste Wappensiegel der Universität | **Bild unten** Rückseite des Uni-Hauptgebäudes

44_ Gerlach vom Hauwe
Ein früher Wendehals

Gerlach vom Hauwes wichtigster Text gelangte am 14. September 1396 an die Öffentlichkeit. Monatelang hatte der Kölner Stadtschreiber an der Ausformung des eng beschriebenen Manuskripts gearbeitet, das die Kölner Welt auf den Kopf stellen sollte. Denn mit dem sogenannten »Verbundbrief« war die Herrschaft der Patriziergeschlechter ein für alle Mal beendet. Kaufleute und Handwerker, organisiert in 22 Gaffeln, übernahmen das Zepter, das damit in einer weitgehend unblutigen Revolution von einer Geburtsadeligen-Clique in die Hände der arbeitenden Bevölkerung wanderte. Köln, die größte Stadt des deutschen Mittelalters, hatte plötzlich eine protodemokratische Verfassung. Dass Frauen und Unterschichtler weiterhin von der Macht ausgeschlossen blieben, dass auch hier bald familiäre Begünstigungen, Vetternwirtschaft, mit anderen Worten: übelster Klüngel die politische Landschaft bestimmten – geschenkt.

Dem ehemaligen Stadtarchivar Hermann Keussen (1862 – 1943) gilt Gerlach vom Hauwe als eine der interessantesten Persönlichkeiten des ausgehenden Kölner Mittelalters. Gerlach war einer der ersten Studenten der jungen Kölner Universität, bevor er eine Anstellung als Schreiber beim Schöffengericht fand. Laut Keussen ein früher Wendehals, diente Gerlach zunächst treulich den alten Adelsherren, bevor er sich zum Sprecher des Umsturzes aufschwang. Auch unter den neuen Verhältnissen blieb der aufstrebende junge Mann offenbar recht biegsam. Aber wer zu viele Freunde hat, verliert wohl irgendwann den Durchblick. Argwöhnisch betrachtete man Gerlachs nächtliche Ausflüge, die er als »jugendlichen Übermut« abzutun suchte. Als man ihn schließlich des Kontaktes zu der Stadt verwiesenen Patriziern für schuldig befand, war es um ihn geschehen. Gerlach vom Hauwe wurde hingerichtet. Ort des Geschehens: der Heumarkt nahe dem Rathaus, in dessen Bannkreis es ihn zeitlebens gezogen hatte.

Und heute? Gerlach vom Hauwe soll auch Autor des »Nuwe Boych« sein, das die dramatischen Ereignisse vor 1396 zusammenfasst und beim Einsturz des Stadtarchivs schwer beschädigt wurde. Sein Geburtshaus »Zum Anker« lag an der Johannisstraße im Kunibertsviertel. | **ÖPNV** Johannisstraße: Bahn 16, 18 bis Haltestelle Breslauer Platz | **Bild oben** Der Verbundbrief im Stadtmuseum

45 Johann Hemmersbach

Ein sturzbetrunkener Umsturz

Weil man im Neusser Krieg 1474 aufseiten des Kaisers gestanden hatte, verlieh Friedrich III. Köln im Jahr darauf den offiziellen Status einer Freien Reichsstadt. Die damit verbundenen Privilegien waren jedoch teuer erkauft, die militärischen Auseinandersetzungen hatten alle öffentlichen Kassen geleert. Um der Ebbe eine neue Flut folgen zu lassen, erhöhte der Magistrat in den Folgejahren eine Steuer nach der nächsten, auch Grundnahrungsmittel wie Brot und Wein wurden immer teurer. Als eine Beschwerde der Gaffeln erfolglos blieb, kippte die ohnehin angespannte Stimmung endgültig. Unter der Führung von Johann Hemmersbach stürmte ein wilder Mob das Rathaus, setzte die Bürgermeister Johann von Dauwe und Goswin von Strailen sowie mehrere Ratsherren fest und übernahm die Macht in der Stadt. »Diebe und Bluthunde«, hallte es durch die Gassen. Wahrscheinlich waren sämtliche Beteiligten des Umsturzes sturzbetrunken, denn dieser 18. Februar 1482 lag genau 48 Tage vor dem Ostersonntag und war mithin jener Festtag der Fastnacht, den wir heute Rosenmontag nennen.

Johann Hemmersbach hatte seinen Unterhalt bis dahin als Gürtelmacher bestritten. Am folgenden Morgen dürfte er eine besonders pompöse Schnalle für seinen Hosenhalt gewählt haben. Angeblich stolzierte er sogar mit einem weißen Stöckchen in der Hand, aufgeblasen wie ein Tambourmajor, durch das Rathaus, das er gegen seine Werkstatt eingetauscht hatte. Aber der Mummenschanz währte nicht lange. Der recht kölsch anmutende Slogan der Karnevals-Revolutionäre hatte gelautet: »Heute bist du der Herr, morgen will ich es sein.« Und beinahe genau so entwickelte es sich dann auch. Hemmersbach und Genossen gelang es nicht, die Gaffeln hinter sich zu bringen, stattdessen wurde der Rädelsführer verhaftet. Schon zwei Tage nach seinem Putsch fiel sein Kopf unter dem Richtschwert. Am Aschermittwoch, das weiß man eigentlich, ist halt alles vorbei.

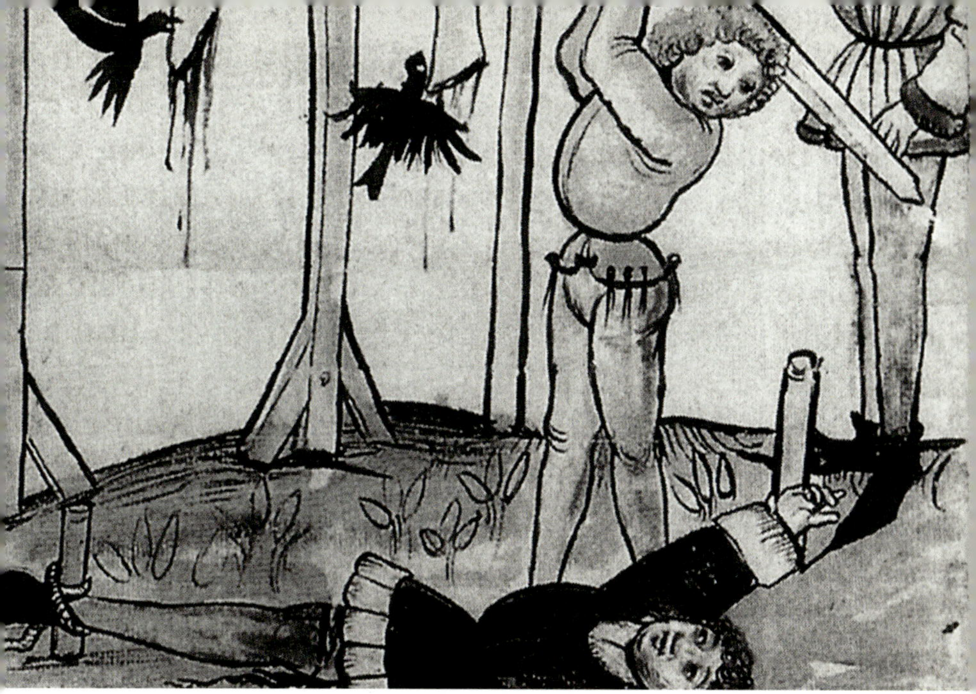

Und heute? Auf Johann Hemmersbach folgten einige weitere Kölner Umstürzler, etwa der bekannte Nikolaus Gülich. Von Johann selbst zeugt heute nichts mehr. Sein Nachname jedoch ist nirgendwo so häufig zu finden wie im Rheinland. | **Bild oben** »Der Henker und sein Geselle bei der Arbeit«, Schmähbrief von 1464 | **Bild unten** Nach den Gaffeln heißt heute ein Kölsch.

Gaffel-Kölsch

46 Hennes I.

Meckern am Spielfeldrand

Er ist fünffacher Westdeutscher Meister, zweifacher Westdeutscher Pokalsieger und ebenso zweifacher Deutscher Meister: der Geißbock Hennes. Selber gespielt hat er nicht, aber stets zugesehen und in dieser Zeit wohl auch das ein oder andere Mal gemeckert.

Hennes' Mutter stammte aus Neustadt an der Orla. Mitarbeiter des Zirkus Williams hatten die verängstigte Ziege am Straßenrand entdeckt, sie aufgepäppelt und ihr offenbar auch Zugang zu männlichen Artgenossen ermöglicht. Ihr erster Sohn kam 1949 zunächst namenlos zur Welt. Damals konnte noch niemand ahnen, dass er bald das bekannteste Maskottchen der deutschen Sportgeschichte werden sollte. Sein späterer Ruhm bahnte sich an, als der 1. FC Köln am 13. Februar 1950 seine zweite eigene Karnevalssitzung veranstaltete. Carola Williams, die Zirkuschefin, machte FC-Präsident Franz Kremer bei dieser Gelegenheit ein recht ungewöhnliches Geschenk: ebenjenen kleinen Geißbock. Nach dem damaligen Spielertrainer Weisweiler taufte man ihn auf den Namen Hennes, und es ist sicherlich kein Zufall, dass der FC in den nächsten sieben Spielen ungeschlagen blieb.

Der tierische Unterstützer der kölschen Kicker wohnte in den folgenden neun Jahren in der Marsiliusstraße, benannt nach einem anderen kölschen Helden. 1959 dann zog Hennes zum Landwirt Peter Filz in die Belvederestraße, in unmittelbare Stadionnähe also. Filz wurde offizieller Betreuer des Geißbocks, der bis Anfang der 1960er nicht nur alle Heim-, sondern auch viele Auswärtsspiele beobachtete. Zunächst saß er mit im Mannschaftsbus, später konstruierte man ihm einen eigenen Anhänger. Erst die Tierschützer und neue DFB-Statuten machten diesen Touren ein Ende, sodass sich Hennes fortan auf Besuche des Müngersdorfer Stadions beschränkte. 1963 erlebte er noch die Einführung der Fußball-Bundesliga. Drei Jahre später, am 4. November 1966, starb Hennes I. an Altersschwäche.

Und heute? Zurzeit regiert Hennes VIII., wohnhaft im Kölner Zoo. Schöne Hennes-Geschichten finden sich in dem Buch »Als der Geißbock Moped fuhr« von Dirk Unschuld. Zwischenstände aus den anderen Stadien werden bei Heimspielen des FC mit einem Ziegenmeckern angekündigt. | **ÖPNV** Geißbockheim: Bahn 18 bis Haltestelle Klettenbergpark | **Bild oben** Hennes I. 1961

47_ Henricus von der Bechergezzen

Der erste Bierbrauer

Wie heute zum Zoch und CSD die Bierpilze aus dem Boden schießen, so wuchs auch bereits im Mittelalter bei großen Ereignissen die Zahl der öffentlichen Verkaufsstände. Ein großes und in seiner Tragweite kaum zu unterschätzendes Event erlebte Köln im Jahr 1164. Erzbischof Rainald von Dassel hatte am Kriegszug Kaiser Friedrichs I. (»Barbarossa«) gegen Italien teilgenommen. Nach der Eroberung Mailands ließ er sich die Gebeine der Heiligen Drei Könige als Beute aushändigen. Man kann sich vorstellen, dass ganz Köln auf den Straßen war, als er diesen Schatz in die Stadt überführte. Der Prozessionsweg war vorher bekannt, rechts und links davon postierten sich die Händler. Hier gab es etwas zu knabbern, dort vielleicht einen gebratenen Fisch oder eine Grillwurst. So ein mittelalterlicher Burger beförderte des Bürgers Brand, und deshalb musste zudem für Getränke gesorgt werden. Auch ein Mann aus der Bechergasse in der heutigen Altstadt wollte von dem Menschenauflauf profitieren: der »Medebruwer« (Metbrauer) Henricus.

Man weiß sonst nichts über diesen ersten namentlich erwähnten Brauer der Stadt. Andere Quellen verlegen sein Leben ins 13. Jahrhundert und sehen einen gewissen Ezelinus vorn. Er und seine Frau Wendelmut tauchen in einem Grundbuch von 1170 auf, das möglicherweise erstmals in der deutschen Sprache die Berufsbezeichnung »bruere«, also Brauer aufführt. Aber ob nun Henricus oder Ezelinus: Es ging gesellschaftlich voran mit den Brauern. 100 Jahre später ist das Gewerbe bereits eine feste städtische Größe. Als Erzbischof Konrad von Hochstaden 1259 für kurze Zeit die Patrizier entmachtet und 26 neue Schöffen etabliert, befinden sich darunter auch zwei Brauer: Bodo und Johann. Und ab 1396, nach dem endgültigen Sturz der Geschlechter, gehörten die Brauer zu jenen 22 Gaffeln, die Köln für die nächsten 400 Jahre regieren sollten.

Und heute? Dem Kölner Brauer-Heiligen Peter von Mailand ist eine Kapelle in St. Andreas, Komödienstraße 6 (täglich 8 – 18 Uhr), gewidmet (links hinterm Eingang, beidseitig Fresken). Jenseits dessen leben Henricus und Ezelinus in jedem Kölsch fort, das in eine Kölner Stange fließt. | **ÖPNV** St. Andreas: Bahn 5, 16, 18 bis Haltestelle Dom/Hbf. | **Bild oben** Historische Brauszene | **Bild unten** Detail der Peter-von-Mailand-Kapelle in St. Andreas

48 Isaak Herstatt

Hugenotte und Seidenmacher

Der Name Herstatt ist mit einem großen Kölner Nachkriegsskandal verbunden. Im Sommer 1974 erklärte sich die private Herstatt-Bank für bankrott. Über 50.000 Kunden waren zum Teil jahrelang in Prozesse verwickelt, um wenigstens etwas von ihrem Ersparten zurückzubekommen. Auch die Städte Bonn und Köln sowie das Kölner Erzbistum machten Millionenverluste.

Die Anfänge der Kölner Herstatt-Dynastie gehen auf das Jahr 1727 zurück. Am 21. März beantragte der in Eschweiler geborene Isaak Herstatt seine Aufenthaltserlaubnis für die Domstadt. Ursprünglich stammten die Herstatts aus Frankreich und waren Hugenotten, also Protestanten. Im selben Jahr hatte Isaak die elf Jahre jüngere Gertraud Lomberg aus Velbert geheiratet, die ebenfalls aus einer Kaufmannsfamilie kam und einen Batzen Geld mit in die Ehe brachte. Damit eröffneten die beiden eine Seidenweberei. 13 Kinder und eine geschickte Hochzeitspolitik mehrten den Kundenkreis und damit den Reichtum der Herstatts. Zeitweise waren für das Unternehmen über 200 Webstühle im Einsatz.

Die katholische Konkurrenz beobachtete den Erfolg der Zugezogenen mit Argwohn. Hoch entwickelte französische Unternehmen erhöhten den Druck ab 1794, dem Jahr der Besatzung durch Napoleons Revolutionsarmee. Unter Isaaks Söhnen Johann David und Johann Jakob musste die Produktion deshalb verringert werden, der letzte Webstuhl wurde 1812 stillgelegt. Schon 20 Jahre zuvor jedoch hatten die Herstatts ihre Bankgeschäfte professionalisiert und sich damit den Weg in die Zukunft geebnet. Speditionsaufträge und vor allem der Immobilienhandel während der französischen Besatzungszeit erhöhten das Kapital. Die Herstatts waren nun reich genug, um auch vom konservativen Kölner Großbürgertum akzeptiert zu werden. Johann David gehörte dann auch zu den Wegbereitern der 1803 gegründeten Kölner Industrie- und Handelskammer.

Und heute? Die ehemaligen Bankgebäude findet man Unter Sachsenhausen 6. In Seeberg wurde Anfang der 1970er die Herstattallee angelegt. Im Kölnischen Stadtmuseum hängt ein Doppelporträt von Johann Jakob Herstatt und seiner Frau Margarethe. | **ÖPNV** Unter Sachsenhausen, Stadtmuseum: Bahn 3, 4, 16, 18 bis Haltestelle Appellhofplatz | **Bild oben** Bankhaus J.D. Herstatt, Zimmerflucht 1. Stock | **Bild unten** Unter Sachsenhausen 6

49 Hildebold von Köln

Kaiser- und Bücherfreund

Wohl um 800 begann man mit dem Bau des sogenannten Hilde-
bold-Domes, dem romanischen Vorläufer der gotischen Kathe-
drale. Seit 787 stand Hildebold der Kölner Gemeinde vor, ab 795
als deren erster Erzbischof. Grund genug also, diesen Mann zu
kennen. Während sein Dom jedoch seit 1248 Geschichte ist, hat
eine andere seiner Hinterlassenschaften Bestand. Hildebolds für
die Religionsgeschichte bedeutendste Tat war ohne Frage die Einrichtung der Kölner Dombibliothek, die heutzutage als die bedeutendste katholische Kathedralbibliothek der Welt bezeichnet wird.

Um die Freundschaft Hildebolds mit Karl dem Großen ranken
sich Legenden. Der Kleriker wird des Kaisers engster Berater und
zu einer Art Bildungsminister des Reiches. Später wird er Karls
Testament unterzeichnen und ihm 814 die letzte Ölung geben.

Vier Jahre nach dem Kaiser stirbt auch Hildebold und wird in
St. Gereon begraben. Seine umfangreiche Handschriftensamm-
lung bildet den Grundstock für die Dombibliothek. 13 Bände
davon sind bis heute erhalten geblieben, das insgesamt älteste
Buch stammt gar aus der Zeit um 600. Im Jahr 1930 wurde der
Bestand mit dem der Kölner Diözesanbibliothek zusammengelegt
und firmiert seitdem unter dem Namen »Erzbischöfliche Diöze-
san- und Dombibliothek«. Zu jener im 17. Jahrhundert begonnenen Sammlung gehören allein 14.000 Bände des Erzbischofs
Ferdinand August, die dieser mit seinem Tod 1835 hinterließ.
Weil der Buchschatz sowohl vor der französischen Besatzungszeit
ab 1794 als auch im Zweiten Weltkrieg rechtzeitig ausgelagert
wurde, konnte er bis heute auf über 400.000 Werke anwach-
sen. Besonders stolz wäre Urahn Hildebold vermutlich auf die
»Codices Electronici Ecclesiae Coloniensis« kurz CEEC. Das im
Jahr 2000 angestoßene Projekt digitalisierte sämtliche mittelalterlichen Handschriften der Bibliothek und machte diese insgesamt
140.000 wertvollen Seiten damit weltweit zugänglich.

ÆBTISSIN IDA   HILDEBOLD

Und heute? Hildebolds Bibliothek im Maternushaus, Kardinal-Frings-Straße 1–3, ist täglich geöffnet (www.dombibliothek-koeln.de). Der Hildeboldplatz liegt zwischen St. Gereon und Hohenzollernring. Seine Rathausturm-Figur steht an der Westseite der 1. Etage. | **ÖPNV** Dombibliothek: Bahn 3, 4, 16, 18 bis Haltestelle Appellhofplatz; Rathaus: Bahn 1, 7, 9 bis Heumarkt | **Bild oben** Hildebolds Rathausfigur | **Bild unten** Historische Handschrift aus der Dombibliothek

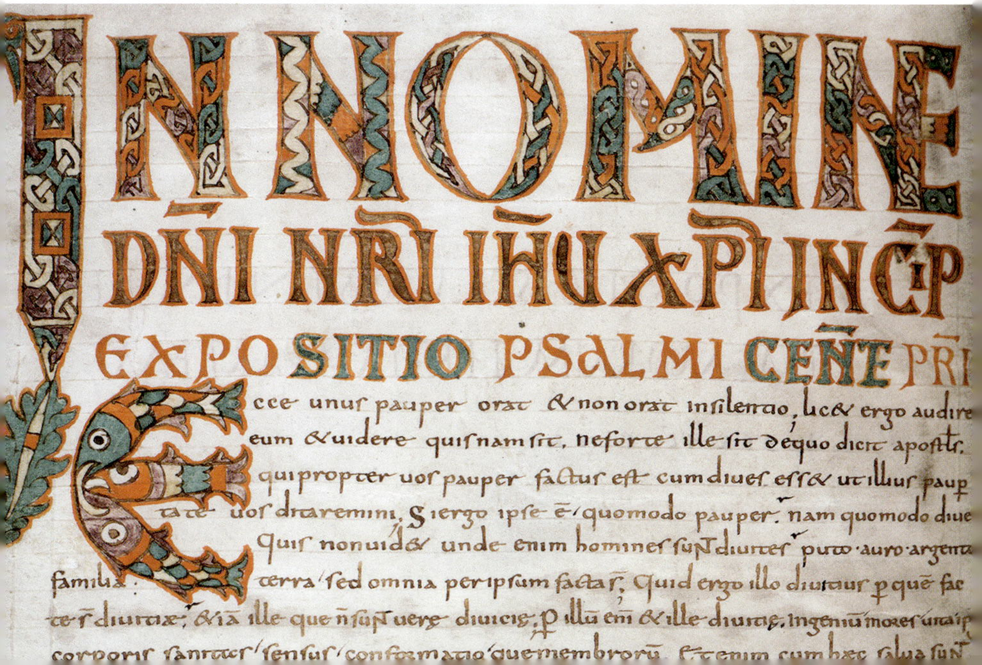

50 Irmgard von Aspel

Sie war dann mal weg

Als sie zum zweiten Mal gen Rom pilgerte, brachte sie dem Papst eine Handvoll Erde vom Grab der 11.000 Kölner Jungfrauen mit. Und was geschah, als sie sich der Heiligen Stadt näherte? – Die Glocken läuteten ganz von selbst. Das jedenfalls behauptet eine der Irmgard-Legenden, die vielleicht deshalb so zahlreich sind, weil man recht wenig über die reale Frau weiß.

Sie stammte wohl aus einem begüterten Hause bei Rees am Niederrhein. Lange behielt sie die geerbten Ländereien und Immobilien jedoch nicht. Stattdessen verschenkte sie alles, was sie besaß – unter anderem an die Kirche St. Pantaleon in Köln. Danach begab sie sich auf eine einsame Anhöhe bei Süchteln, um fortan als gottesfürchtige Eremitin zu leben. Aber die Ruhe ihrer Klause ist nicht von Dauer. Vielleicht sind es die ständigen Besuche von gläubigen Fans, vielleicht auch die von neugierigen Halbstarken, die Irmgard vertreiben. Jedenfalls wendet sie sich in den 1050ern gen Köln, wo die Stimmung gerade brodelt. Seit 1056 ist Erzbischof Anno an der Macht und liegt in ständigem Clinch mit der Bürgerschaft. 1066 unterstützt er den Normannenführer Wilhelm bei der Eroberung Englands mit Geld und Waffen. Acht Jahre später scheint es um Anno geschehen, als er den Mob gegen sich aufbringt und durch das berühmte »Annoloch« flüchten muss.

Inwiefern Irmgard in solche Zeitläufte involviert war, ist nicht bekannt, vermutlich war ihr die große Politik ziemlich egal. Stattdessen ließ sie in Domnähe ein Hospiz für Arme und Kranke errichten und frönte ansonsten weiter ihrer größten, womöglich einzigen Leidenschaft: dem Pilgern. Während ihres dritten und letzten Aufenthalts in Rom kniete sie vor einem Kreuz, das sie an eines aus dem Kölner Dom erinnerte. Ein Engel forderte sie auf, bei der Rückkehr dieses heimische Kruzifix zu grüßen. Und als sie dem Folge leistete, neigte Jesus sein Haupt zu ihr herab.

Und heute? Irmgards Reliquien ruhen in der Agneskapelle im Chorumgang des Kölner Doms. Nach ihr benannt ist das Irmgardis-Gymnasium in der Schillerstraße 100 in Bayenthal. Ihr Gedenktag ist der 4. September. | **ÖPNV** Dom: Bahn 5, 16, 18 bis Haltestelle Dom/Hbf; Irmgardis-Schule: Bahn 15, 16 bis Bayenthalgürtel | **Bild oben** Die heilige Irmgard inmitten der Bedürftigen | **Bild unten** Agneskapelle im Dom

51 Isis

Die Göttin des Biers und ihr Schiffswagen

Isis hat weder je in Köln gelebt noch anderswo, ist sie doch eine altägyptische Gottheit. Unabhängig von ihrer Herkunft jedoch entwickelte sich in der Frühzeit der Colonia ein regelrechter Isis-Kult, der bis ins 4. Jahrhundert Bestand hatte. Archäologen fanden Weihesteine zu ihren Ehren, die Kirche St. Ursula soll auf dem Grund eines alten Isis-Heiligtums errichtet worden sein. Aber warum ausgerechnet diese Ägypterin?

Den Ägyptern galt sie als Tochter des Erdgottes und der Himmelsgöttin. Ihr Sohn Horus, der Sonnengott, diente zugleich als Patron des Pharao. Im heidnischen, religiös desorientierten Köln des 2. Jahrhunderts huldigte man diesem und jener, und so mancher Ritus floss später ins Christentum rheinischer Ausprägung ein. Religiös verehrte starke Frauen bilden offenbar eine Traditionslinie in Köln, man denke nur einmal an Stadtgründerin Agrippina, die heilige Ursula und die Gottesmutter Maria, die in katholischen Gegenden traditionell mehr geschätzt wird als ihr dreifaltig-männlicher Sohn.

Aber Köln binden womöglich noch viel stärkere Ketten an die geheimnisvolle Isis. Zusammen mit ihrem Bruder und Gatten Osiris wurde sie in Ägypten auch als Göttin des Bieres verehrt – das ist das eine. Der komplizierte Isis-Osiris-Mythos erzählt zudem von Osiris als zerstückelter Wasserleiche, deren Einzelteile Isis bei einer waghalsigen Schiffstour einzusammeln suchte. Im spätrömischen Köln stellte man diese Höllenfahrt nach, indem man am Isis-Tag einen angeblich »Carrus navalis« genannten Schiffswagen durch die Straßen zog, und zwar in Verkleidung. Dass aus diesem lateinischen Kompositum das Wort Karneval entstanden sei, gilt inzwischen als widerlegt. Aber halten wir fest: Sie verkleideten sich gern, diese Ur-Kölner, und sie veranstalteten auch schon vor fast 2.000 Jahren ihre Umzüge. Ob sie das nun schon Fastelovend nannten und dabei Kamellen flogen? – Sei's drum.

Und heute? Im Römisch-Germanischen Museum (1. Stock, Treppe links, 2. Ausstellungspodest) findet man eine sitzende Figur der »unbesiegbaren Isis« (3. Jahr-
hundert), die sich einst in der Nordwand der Ursulakirche befand. | ÖPNV
Römisch-Germanisches Museum: Bahn 5, 16, 18, Haltestelle Dom/Hbf |
Bild oben Ägyptische Isis-Darstellung | **Bild unten** Die kopflose Isis im RGM

52___ Billy Jenkins

Von den Irokesen bis nach Nippes

Er war Lasso- und Messerwerfer, Kunstreiter und -schütze, Greif-vogeldompteur und Schauspieler. Und nicht zuletzt war er der Held zahlreicher Wild-West-Heftchen. Billy Jenkins, geboren als Erich Rudolf Otto Rosenthal in Magdeburg, war ein Lebens-künstler der alten Schule. Als kleiner Junge hatte er auf dem Schoß des legendären Buffalo Bill Cody gesessen, der 1890 mit seiner Wild-West-Show in Berlin gastierte. Von ihm borgte er sich seinen Künstlervornamen. Ein abenteuerliches Leben führte ihn in die hintersten Winkel der Welt und lehrte ihn das Reiten, Lassowerfen und Schießen. Seine Vogelschau wurde als absolut einmalig gefeiert.

Billys Basislager war eine alte Villa in Berlin-Reinickendorf. Er galt als gesellig, trinkfest und hatte einen Hang zur sympa-thischen Flunkerei. Aber sein Leben barg auch Schattenseiten. Erichs Vater war Jude, eine Tatsache, die er mit dem Nachnamen seiner Mutter (Fischer) vernebelte. Während seine »zu amerika-nischen« Westernheftchen in der Nazizeit verboten wurden, durfte er weiter mit seinen Shows auftreten. Als Künstler agierte er kom-promissloser. Billys Körper war von Narben entstellt, sämtliche Vorderzähne hatte er sich in Spanien ausgeschlagen. Als er ver-suchte, seine geliebten Adler aus einem brennenden Zug zu retten, erlitt er lebensgefährliche Verletzungen. Auftritte absolvierte er fortan unter Schmerzen und in einem Stahlkorsett.

Zeitlebens erzählte er stolz, zum Ehrenhäuptling der Irokesen ernannt worden zu sein. Auch als er nach dem Krieg nach Köln zog, lief er weiterhin als Westerner durch die Nippeser Straßen. Gegen Ende völlig verarmt, starb er in seinem letzten Refugium, einem Wohnwagen. Seine weltweite Fangemeinde, die »Jenkin-sianer«, sorgte jedoch dafür, dass sein Grab auf Melaten auch nach Fristablauf erhalten blieb: eine unscheinbare Platte mit einem markant geschwungenen Schriftzug: Billy Jenkins.

BILLY JENKINS

Und heute? An Billys Grab auf Melaten (Flur 55) wird es am Todestag (21. Januar) richtig voll. Seine Westernheftchen sind begehrte Sammlerstücke. Michael Zaremba schrieb die schöne Biografie »Billy Jenkins. Besichtigung eines Mythos«. | **ÖPNV** Melaten: Bahn 1 bis Haltestelle Melaten | **Bild** Westernheft der Nachkriegszeit

DER MANN
OHNE GEWISSEN

53__Arnold Judendunck

Ein Syndikus zwischen Recht und Revolution

Das Schicksal Arnold Judenduncks ist eng verknüpft mit dem 6. September 1680. An jenem Tag veröffentlichte der spätere Umstürzler Nikolaus Gülich eine Klageschrift gegen den Kölner Rat, die blutige Folgen zeitigen sollte. Als städtischer Syndikus, also Rechtsanwalt, leitete Judendunck den daraufhin eingesetzten Untersuchungsausschuss. Was durch ihn ans Licht kam, hatte es in sich. Die Kommission entknotete ein wildes Knäuel aus Korruption und Klüngel. Zunächst hagelte es nur Geldstrafen, aber als Gülich zwei Jahre später die Absetzung des Rates erreichte, nahm die Situation revolutionäre Züge an. Hohe Beamte wanderten in den Kerker, und ein städtischer Notar, Gereon Hesselmann, wurde gar hingerichtet.

Die Rolle Arnold Judenduncks in diesen Wirren ist nicht ganz klar zu fassen. Wurde er zum aktiven Spießgesellen Gülichs, oder sah er sich lediglich seinem Amt und seiner Arbeit im Dienste des Rechts verpflichtet? Ganz sicher folgte er Gülich nicht überallhin, denn im Historischen Archiv der Stadt existiert (existierte?) auch eine Verteidigung Gülichs gegen von Judenduncks erhobene Vorwürfe. Nikolaus Gülich jedenfalls wurde 1685 vom Kaiser geächtet, schließlich festgenommen und am 23. Februar des Folgejahres geköpft. Man riss sein Haus nieder und verfügte, dieser Ort dürfe nie mehr bebaut werden.

Den Sieg der alten Nomenklatura bekam auch Arnold Judendunck zu spüren. In einer kaiserlichen Epistel von 1687 heißt es, der Syndikus habe sich während der Unruhen »schwer vergriffen und gröblich gehandelt«. Zwar habe er die Todesstrafe durchaus verdient, aber für heute begnüge man sich mit der Amtsenthebung und der Aufforderung, Magistrat und Bürgerschaft mögen sich fürderhin »aller Correspondenz mit dem relegierten Arnold Judendunck« enthalten. Ob dieser Boykott auch sein 1675 erworbenes Brauhaus »In der Gaffel« betraf, ist jedoch nicht bekannt.

Und heute? Am Eigelstein 41, Standort von Judenduncks Brauhaus, residiert bis heute die Gaffel-Brauerei. Gülichs Bronzekopf findet sich im Stadtmuseum. Judenduncks Buch »Theatrum lanienae Coloniensis« über die »entsetzlichen Massaker« des Jahres 1683 wird heute antiquarisch gehandelt. | **ÖPNV** Eigelstein: Bahn 12, 15, 16, 18 bis Haltestelle Ebertplatz; Gülichplatz: Bahn 1, 7, 9 bis Heumarkt | **Bild oben** Gülichs Bronzekopf | **Bild unten** Fastnachtsbrunnen auf dem Gülichplatz

54 Ursula Judin

Heiliger Name, unheiliges Leben

Für Ende 1593 ist ihr letztes Verhör verzeichnet. Ursula hatte sich, völlig betrunken, mit der Frau eines Trommelschlägers angelegt. Die putze sich auf und mache sich jünger, um dann junge Gesellen in ihr Bett zu locken, sagte sie aus. Für Geld, wohlgemerkt. Wieder nüchtern, verzichtete Ursula weise auf jeden weiteren Kommentar.

Ursula Judins eigene Hurenkarriere muss um 1579 begonnen haben. Geboren im hessischen Friedberg, gelangte das Mädchen 1573 nach Köln. Weil Juden seit 1424 aus der Stadt verbannt waren, nahm sie den christlichen Glauben an. Und dank ihres ebenfalls konvertierten Onkels, Hebräisch-Professor an der Kölner Universität, hatte sie auch einen guten, gesitteten Einstand in der Stadt. Aber dann lernt Ursula einen Mann kennen, wird von ihm schwanger und schließlich verlassen. Wie das so ist. Schon 1581 wird sie erstmals festgenommen – wegen gewerbsmäßiger Unzucht.

Man muss sich diese Ursula Judin wohl als hübsch, klug und gerissen vorstellen. Denn anders ist kaum zu erklären, dass es ihr als einer der wenigen ihres Standes gelingt, sich immer wieder an den eigenen Haaren aus dem Sumpf zu ziehen. Einer ersten Haftstrafe im »Loch« zu St. Kunibert entgeht sie mit Hilfe ihrer Freier. Wohlanständige Männer verfallen ihr und verlassen sie wieder, auf eine weitere Schwangerschaft folgt die erneute Festnahme. 1582 verdient Ursula ihr Geld schon nicht mehr nur mit dem eigenen Körper, sondern darüber hinaus als Kupplerin. Fünf Jahre später erwirbt sie – gegen massive Proteste der Nachbarschaft – ein Haus in der Achterstraße. Als sie auch dort angeschwärzt wird, entgeht sie einer bereits verhängten Ehrenstrafe durch die Heirat mit dem Buchbinder Niclaß Anraidt. Weitere juristische Nachstellungen folgen, aber immerhin: Ursula Judin ist der Gosse nun offenbar dauerhaft entronnen. Nach 1593 sucht man ihren Namen in den Kölner Gerichtsakten vergeblich.

Und heute? Ausführlicher beschrieben ist das Leben der Ursula Judin im Buch »Bettler und Gaukler, Dirnen und Henker« von Franz Irsigler und Arnold Lassotta. | **ÖPNV** Achterstraße: Bahn 15, 16 bis Haltestelle Chlodwigplatz | **Bild oben** Der Alter Markt und die »Kax« (Pranger samt Käfig), um 1660 | **Bild unten** Die einst verrufene Huhnsgasse, in der Ursula eine Zeitlang wohnte

55 Wilhelm Kaesen

Ein unkommerzieller Kommerzienrat

Bis zum Jahr 2002 schien er praktisch ausradiert aus der Stadtgeschichte. Wilhelm Kaesens Büste, ein Werk des Künstlers Anton Werres, war ursprünglich 1891 an der Nordwestecke des Volksgartens aufgestellt worden. Nach dem Krieg jedoch blieb der Sockel leer, erst eine Stiftung des jungen 3. Jahrtausends initiierte den Bau einer Replik. Und das wurde auch Zeit, sollte man meinen, denn über diesen Mann ist bisher ohnehin recht wenig bekannt.

Wilhelm Kaesen, geboren 1816 in Köln, verdiente sein Geld offenbar als Kaufmann. Stadthistoriker sehen ihn als Juniorpartner von Johann Heinrich Richartz, der im globalen Leder- und Wildhäutehandel mitspielte und später den Bau des Wallraf-Richartz-Museums finanzierte. Ab 1862 war Kaesen Mitglied im Rat der Stadt. Man weiß, dass er dort jener Fraktion angehörte, die vehement auf den baldigen und vollständigen Abriss der Stadtmauer drang. Sein politisches Amt mag ihm dann bei jenem Coup geholfen haben, für den ihm die Kölner Südstadt ewig dankbar sein sollte. Das Areal des heutigen Volksgartens gehörte ab 1825 zum preußischen Fort IV und wanderte nach dessen Aufgabe in die Hände zahlreicher Parzellenbesitzer. Kaesen kaufte ab 1886 diese rund 60 Grundstückchen auf – insgesamt zehn Hektar, für die er 582.000 Mark bezahlte. Das nunmehr vereinte Gelände war natürlich deutlich mehr wert als die Summe seiner Teile, und man hätte Kaesen bei einem gewinnbringenden Weiterverkauf grobe Klüngelei unterstellen können. Aber der Kommerzienrat verfolgte hier keine kommerziellen Ziele. Stattdessen überließ er der Kommune das Areal für den Einkaufspreis und stellte dabei lediglich eine Bedingung: dass hier »ein Garten für jedermann« angelegt werde. In der Folge erwarb die Stadt einige weitere Flächen und schrieb einen Gartenbau-Wettbewerb aus. Und so entstand, zwischen 1887 und 1890, der Volksgarten.

Und heute? Kaesens Denkmal blieb seit der Wiedererrichtung unverwüstet. Direkt nebenan verbindet die Kaesenstraße den Eifelplatz mit der Lothringer Straße. | **ÖPNV** Kaesenstraße: Bahn 12, 15, 16 bis Haltestelle Eifelstraße | **Bild oben** Weiher im Volksgarten. Blick Richtung Eifelplatz. Das Gebäude mit den zwei Türmen im Hintergrund ist das alte Volksgarten-Restaurant. | **Bild unten** Kaesen-Büste im Volksgarten

56_ Engelbert Kayser

Bleifrei, lebensmittelecht und silbrig glänzend

Um den eigenen zum Marken-Namen zu machen, muss man schon etwas Besonderes produzieren. Schöne Dinge aus Zinn zum Beispiel, wie die Kaysers.

1851 erwarb die Familie eine bereits bestehende Gießerei in Krefeld-Oppum. Zum einflussreichsten Zinnarbeiter des Clans entwickelt sich Engelbert Kayser, der 1864 nach Köln übersiedelt und hier ein »Kunstgewerbliches Magazin für Gebrauchsgeschirr und Luxuswaaren« eröffnet. Aus der Ehe mit der Ungarndeutschen Caroline Czinober (welch schöner und sinnreicher Name!) gehen zwei Söhne hervor. 1872 wird er zum königlichen Hoflieferanten (mit Zweigstelle in Berlin) ernannt. Der gesellschaftliche Aufstieg manifestiert sich in den 1880er-Jahren, als sich Engelbert auf der Ecke Hohe und Brückenstraße ein repräsentatives Haus im Neorenaissancestil errichten lässt – von seinem Bruder, dem Architekten Heinrich Kayser. Engelbert versteht sich zugleich als Geschäftsmann und Designer. Es gelingt ihm, zahlreiche virtuose Künstler und Kunsthandwerker um sich zu scharen. Dazu zählen etwa der Bildhauer Hugo Leven (1874–1956) und der Modelleur Hermann Fauser (1874–1947). In Europa frönt man seinerzeit dem Jugendstil, und wer es sich leisten kann, verschönt seinen Alltag mit floralen Formen. Engelbert Kaysers Verdienst ist es, das Schwermetall Zinn aus seiner verstaubten Ecke geholt und dem Zeitgeschmack angepasst zu haben. Dank einer neuen Verarbeitungstechnik sind die Werkstücke aus dem Hause Kayser zudem durchweg bleifrei, lebensmittelecht, und sie bewahren – anders als frühere Zinnprodukte – dauerhaft ihren silbrigen Glanz. Die in Köln entworfenen Vasen, Pokale und Schmuckstücke werden von Bruder Jean im Oppumer Stammsitz in Güsse verwandelt und gehen von dort in aller Herren Länder. Zeitweise beschäftigt das Unternehmen bis zu 800 Arbeiter. 1895 schließlich lässt Engelbert die Bezeichnung »Kayserzinn« urkundlich schützen.

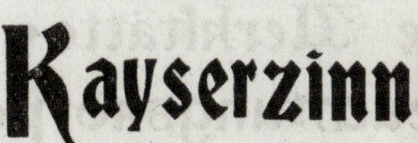

Und heute? Die größte Kayserzinn-Sammlung beherbergt das Kreismuseum Zons (www.kreismuseumzons.de). Historische Kölner Zinnobjekte findet man im Museum für Angewandte Kunst, zum Beispiel im Treskow- und Klemenssaal. **|** **ÖPNV** MAKK und Hohe Straße: Bahn 5, 16, 18 bis Haltestelle Dom/Hbf **|** **Bild oben** Kayser-Zinn im Museum Zons **| Bild unten** Historische Annonce

57 Anton von Klespé
Der letzte Bürgermeister der Freien Reichsstadt

In Köln endete das Mittelalter am 6. Oktober 1794. Und der Mann, der die Tür in die Zukunft aufschloss, hieß Reiner Joseph Anton von Klespé. So ganz freiwillig tat er das allerdings nicht.

Am Vortag hatte sich die französische Armee Köln bis auf wenige Kilometer genähert. Die in der Stadt stationierten kaiserlichen Truppen suchten flugs das Weite und setzten gen Osten über den Rhein. Bürgermeister Klespé blieb also keine Wahl. Er fuhr den Franzosen entgegen und traf am Melatenfriedhof auf General Championnet, der die Übergabebedingungen verlesen ließ. Vor dem Hahnentor dann die symbolische Geste, die Köln in ein neues Zeitalter beamen sollte: Klespé übergab – ohne dass auch nur ein Tropfen Blut geflossen wäre – die Stadtschlüssel.

Um die Tragweite dieses Aktes zu ermessen, muss man sich klarmachen, wie es in der »Freien Reichsstadt« damals aussah. Eingesperrt hinter dicken Mauern lebte man nach einer 400 Jahre alten Stadtverfassung, dem Verbundbrief, der eine völlig verkrustete und verklüngelte Hierarchie etabliert hatte. Nun jedoch kamen hier die Ideen des postrevolutionären Frankreich zum Tragen. Der Code civil, eingeführt 1804, garantierte bürgerliche Freiheiten, und ein modernisierter Verwaltungsapparat schuf eine bis dato unbekannte Transparenz – bis hin zur Durchnummerierung sämtlicher Häuser.

In den Tagen nach der Besetzung sah sich Anton von Klespé in der unangenehmen Pflicht, seinem Kölner Volk die Forderungen der Franzosen zu vermitteln. Waffen und Lebensmittel wurden beschlagnahmt, kein Schiff verließ mehr den Hafen, 12.000 Soldaten mussten privat aufgenommen und verpflegt werden. Auch in der Folge diente von Klespé den neuen Herren, ab 1802 als Präsident der Ersten Sektion der Kölner Kantonalversammlung, 1804 dann als Unterpräfekt des Arrondissement Köln. Den erzwungenen Abschied der Franzosen 1814 überlebte er noch um vier Jahre.

Und heute? Einige französische Straßenschilder aus der Besatzungszeit haben sich erhalten: Rue de L'Arsenal/Zeughausgasse (am Stadtmuseum), Place du Tilleul/ An der Lind, Rue de l'Écrevisse/Krebsgasse, Porte de l'Aigle/Eigelsteintor, Porte des Coqs/Hahnentor. | **ÖPNV** Hahnentor: Bahn 1, 7, 12, 15 bis Haltestelle Rudolfplatz | **Bild oben** Historisches Porträt | **Bild unten** Das Hahnentor

58 Albin Köbis und Max Reichpietsch

Gelebt in Berlin, erschossen in Köln

Eigentlich waren diese beiden jung gestorbenen Männer gebürtige Berliner und haben von Köln nicht viel mehr gesehen als eine Militärgefängniszelle und einen Hinrichtungsplatz. Aber da sie nun seit rund 100 Jahren in Kölner Erde ruhen, darf man sie wohl als eingemeindet betrachten. Wie es dazu kam?

Im Sommer 1917 war der Erste Weltkrieg für Deutschland verloren. Die Bevölkerung hungerte, und genauso die Soldaten. Wegen der englischen Blockadetaktik lag die kaiserliche Flotte in Kiel tatenlos vor Anker, der Unmut der Besatzungen wuchs. Am 1. August verließen 49 Matrosen der »Prinzregent Luitpold« das Schiff für einen unerlaubten Landspaziergang, und als dafür Arrest drohte, schlossen sich ihnen hunderte Kameraden von anderen Schiffen an. Fünf »Hauptträdelsführer« wurden herausgegriffen und vor ein Kriegsgericht gestellt. Drei der fünf Todesurteile hob man bald auf, nicht jedoch die gegen Albin Köbis und Max Reichpietsch. Die beiden Matrosen wurden in die Kaserne Porz-Wahn verbracht und dort am 5. September 1917 erschossen. Ein »militärischer Willkürakt aus politischen Motiven«, schrieb der SPD-Politiker Wilhelm Dittmann später.

Beide, Köbis und Reichpietsch, hatten sich 1912 freiwillig zur Marine gemeldet. Es gibt widerstreitende Ansichten darüber, ob sie vorwiegend politische Motive hatten oder ›nur‹ gegen inhumane Arbeitsbedingungen opponierten. Mit Sicherheit jedoch hatten sie der militärische Drill und die tägliche Praxis zu Kriegsgegnern werden lassen, und sie besaßen den Mut, für diese Überzeugung einzutreten. Den einen galten sie deshalb als Vaterlandsverräter. Für die deutsche Linke jedoch, nicht zuletzt die der DDR, sind Köbis und Reichpietsch Wegbereiter der Novemberrevolution 1918, die dem deutschen Kaiserreich ein Ende bereitete.

Und heute? Der Grabstein befindet sich auf dem Militärfriedhof der Luftwaffen-kaserne Wahn in der Flughafenstraße 1. Er kann nach Voranmeldung besichtigt werden (Tel. 02203/9083436). In Wahn wurden zwei Straßen nach Köbis und Reichpietsch benannt. | **ÖPNV** Kaserne: Bahn 7 bis Haltestelle Porz/Markt, dann Bus 160 bis Scheuermühlenstraße beziehungsweise Kaserne/Haupttor | **Bild oben** Max Reichpietsch (lks.) und Albin Köbis (re.) | **Bild unten** Das Grab im Fliegerhorst

59_ Tile Kolup
Der falsche Friedrich

Rund 100 Jahre regierten die Hohenstaufen Friedrich I. (Barbarossa, ab 1152) und Friedrich II. (bis 1250) das Deutsche Reich. Die relative Stabilität dieser Ära behielten die Menschen in sehnsüchtiger Erinnerung. Der Kyffhäusermythos erblühte, und je härter die Zeiten wurden, desto fiebriger wartete man auf die Rückkehr des Kaisers. Und er kam tatsächlich – in Gestalt von Hochstaplern.

Der erfolgreichste dieser Wiedergänger hieß Tile Kolup, auch als Dietrich Holzschuh bekannt. Seinen ersten Auftritt absolvierte er 1284 in Köln. In aller Öffentlichkeit erklärte er, er sei Friedrich II. Leider konnten die Kölner jedoch rechnen: Tile wirkte nicht wie ein 90-Jähriger. Zudem war hier wohl auch der Aberglaube nicht so ausgeprägt. Anstatt vor ihm auf die Knie zu fallen, verspottete man den Armen. Tile wurde eine Narrenkrone aufgesetzt, man tauchte ihn in Kot und trieb ihn anschließend aus der Stadt. Offenbar war er aber inzwischen selbst von seiner Botschaft dermaßen überzeugt, dass es für ihn kein Zurück mehr gab. Der Möchtegernkaiser wandte sich gen Neuss, und siehe da, er hatte Glück. Am Niederrhein machte man ihm den Hof, stellte ihm Beamte, Diener und Wachen zur Seite und behandelte ihn ganz wie einen Monarchen. Ein gutes Jahr lang zeichnete Tile Kolup Briefe mit kaiserlichem Siegel, spielte den obersten Richter und verteilte Privilegien. Erst als der Kölner Erzbischof drohte, die Stadt zu stürmen, floh Kolup nach Wetzlar.

Wer dieser Mann wirklich war, weiß niemand. Manche Quellen behaupten, er sei vor seiner »Erleuchtung« als Bettler über Land gezogen. In Wetzlar jedoch war sein Weg zu Ende. Tile wurde gefoltert, er lieferte das geforderte Geständnis, und man verbrannte ihn am 7. Juli 1285 auf dem Scheiterhaufen. Seinen letzten Anhängern soll er noch zugerufen haben, nach Frankfurt zu gehen. Dort werde er schon bald wieder auftauchen.

Und heute? Tile Kolups Leben wurde mehrfach literarisiert, unter anderem in Tilman Röhrigs Roman »Wie ein Lamm unter Löwen«. In Wetzlar wurde ihm 2005 ein Denkmal gesetzt: ein bunter Flammenthron. **| Bild** Der richtige Friedrich Barbarossa mit seinen Söhnen (Kloster Weingarten, 1179–1191)

60 Johann von Krane

Goldene Kammer und Westfälischer Frieden

Sein Wappentier war der Kranich, mit einem Kleeblatt im Schnabel. Auf dem einzigen Stich, der von ihm existiert, thront über seinem Kopf allerdings noch der Doppeladler. Denn Johann Krane diente dem Kaiser des Heiligen Römischen Reichs ab 1633 als Hofrat – also als Berater und Unterhändler.

Über Kranes Leben ist nicht allzu viel bekannt. Er war wohl Österreicher, und schon sein Schwiegervater hatte unter Ferdinand III. als Hofrat gewirkt. Das Jahr 1643 sieht Krane dann in einer sowohl für Köln als auch für die gesamte europäische Geschichte sehr bedeutsamen Mission. 25 Jahre lang verwüstete seinerzeit bereits der später »Dreißigjährig« genannte Krieg vor allem die deutschen Lande. Nun jedoch begannen erste Vorgespräche, um den Gräueln ein Ende zu setzen. Eines dieser Treffen fand in Köln statt, und Johann Krane hatte den Gastgebern ein Geschenk mitgebracht. Aus des Gesandten Hand nämlich empfingen die Kölner das Geld zur Ausgestaltung der Goldenen Kammer von St. Ursula. Das güldene Rankenwerk rund um die Abertausenden von Knochen zeugt noch heute von der kaiserlichen Großzügigkeit.

Am 17. Mai und 4. Juni 1643 schließlich zog der Hofrat feierlich in Münster und Osnabrück ein. In den Rathäusern übergab er jene Urkunden, mit denen die Städte für den weiteren Verlauf der Friedensverhandlungen zu neutralen Zonen erklärt wurden. Fortan waren sie allen Reichspflichten entbunden, und es ruhten dort alle Kriegshandlungen. Im weiteren Verlauf organisierte Krane die Quartiere für die Gesandten und ihre Entourage, wobei er besonders auf die Separierung des »leichtfertigen Weibsvolks« geachtet habe. Außerdem, so ein venezianischer Teilnehmer der Konferenzen, sei er ein schlimmer Pedant gewesen. Wie auch immer, Kranes Arbeit mündete in den allseits ersehnten Westfälischen Frieden. Der Kaiser erhob ihn in den Adelsstand, und die Kölner feierten ihre Goldene Kammer.

Und heute? Die Goldene oder Knochenkammer von St. Ursula (Mo, Di, Do–Sa 10–12 und 15–17, Mi 10–12 und 15–16.30, So 15–17 Uhr) ist bis heute ein schaurig-schöner Touristenmagnet. | **ÖPNV** St. Ursula: Bahn 12, 15 bis Haltestelle Hansaring | **Bild oben** Johann von Krane auf einem Kupferstich des 17. Jahrhunderts | **Bild unten** Detail der »Knochenkammer« von St. Ursula

61__ Karl Küpper

»Es et am räne?«

... fragte Karl Küpper und hielt dabei seine Hand ausgestreckt zu einem matten, tastenden Hitlergruß. Was heutzutage allenfalls für ein maues Witzchen taugt, traute sich dieser kölsche Karnevalist allerdings in den Jahren nach 1933. Sein Lohn: zwischenzeitliche Internierung durch die Gestapo sowie nach 1938 schließlich ein totales Auftrittsverbot. Um seine Familie ernähren zu können, meldete sich Küpper freiwillig bei der Wehrmacht und hoffte auf bessere Tage. Aber die kamen auch nach dem Krieg nicht. Das Festkomitee des Kölner Karnevals war durchsetzt mit alten Nazis und opportunistischen Mitläufern, die Küpper weiterhin schnitten. Also wich er, so erinnert sich Sohn Gerhard, ins Umland aus und erklomm die Bütt für Naturalien. Ab 1960 führte er zudem eine Kneipe in Kalk, um sich über Wasser zu halten. 1970 starb Karl Küpper, ohne je wieder an seine Vorkriegserfolge angeknüpft zu haben.

Geboren in Düsseldorf, hatte er ursprünglich Buchdrucker gelernt. Ab 1927 war Küpper dann auch im Karneval aktiv, für den er sich in die Figur des »Verdötschten« verwandelte. Seine Vorträge bestachen durch ihren subversiven Humor, und von Anfang an hielt er die karnevalistische Tradition hoch, auch »denen da oben« hin und wieder ans Bein zu pinkeln. Er sei kein Widerstandskämpfer gewesen, sagt sein Sohn. Aber die Nazis mochte er definitiv nicht, Warnungen wegen seiner kritischen Reden schlug er in den Wind: »Wenn ich aufhöre, habe ich gegen die verloren«, war sein Credo.

Es dauerte lange, bevor man in Köln merkte, dass hier jemand eine gehörige Portion Nachruhm verdient. 2010 erschien, geschrieben von Stadthistoriker Fritz Bilz, eine Biografie Küppers. 2011 wurde ein kleiner Platz in der Innenstadt nach ihm benannt – direkt neben dem seines Kollegen Jupp Schmitz. Und seit 2012 steht im Karnevalsmuseum eine eigene Küpper-Vitrine, bestückt aus seinem Nachlass.

Und heute? Fritz Bilz' Biografie heißt »Unangepasst und widerborstig – Der Kölner Karnevalist Karl Küpper« (Verlag Edition Kalk 2010). Am Haus von Küppers ehemaliger Kneipe, Kalker Hauptstraße 215, hängt eine Gedenktafel. | **ÖPNV** Karl-Küpper-Platz: Bahn 5 bis Haltestelle Rathaus; Gedenktafel: Bahn 1, 9 bis Kalk Kapelle; Karnevalsmuseum: Bus 141, 143 bis Karnevalsmuseum (Do, Sa, So 11 – 17 Uhr) | **Bild oben** Küpper mit der Persiflage auf den Hitlergruß »Eß et am rähne?«

62 ___ Hermann Lappleder
Der mit dem Ranzen

Das Hänneschen-Ensemble vereinigt so manche körperliche Gebrechen und charakterliche Defizite. Der Schäl schielt und schummelt, der Schnäuzerkowski mahnt und meckert, und die Zänkmanns Kätt ist eine schlimme Klatschtante. Die seltsamste und in ihrer seelischen Konstitution eigenwilligste Stockpuppe jedoch ist der Speimanes.

Übersetzt lautet sein Name: der spuckende Hermann. Aber der kleine Kerl hieß auch schon anders. Ab 1870 taucht er als »Meister Schnuckel« in den Drehbüchern auf – ein Reim auf seinen deformierten Rücken. Spätere Nachnamen wie Lappleder (wörtlich ein Lederlappen zum Ausbessern von Schuhen) oder Quanzius ließen sich gehörig ›ausspeien‹. Bis zum Zweiten Weltkrieg war der Manes zudem Bäcker von Beruf und wurde in diesem Zusammenhang »Knudel« (»klumpiges Brot«) gerufen.

Was ihn bis heute so sympathisch und besonders macht, ist die tragikomische Selbstverständlichkeit, mit der er seine Behinderungen trägt. Nie im Leben fiele es ihm ein, sich für sein Gestotter und die extrem feuchte Aussprache aller B- und P-Worte zu entschuldigen. Dass er zwergenhaft klein ist, stört ihn genauso wenig wie der boshaft »Ranzen« oder »Brefkaste« genannte Höcker auf seinem Rücken. »Die körperlichen Gebrechen trägt unser Held nicht nur mit Fassung, er hält sie für ein Gütezeichen. Nichts Gehässiges dreht man dem Speimanes aufgrund dieser körperlichen Mängel an«, schrieb der rheinische Volkskundler Max Leo Schwering. Statt zu jammern, genießt Hermann voller Stolz seinen größten Auftritt: die Rückeroberung des Blutwurstringes während der alljährlichen Puppensitzung. Hintergrund: Jeder Büttenredner erhält eine solche Flönz als Orden, aber da es nur eine einzige gibt, muss immer wieder genau diese verliehen werden. Also waltet Manes seines Amtes, reißt die Wurst mal aus Klauen, mal aus Zähnen, um dann stolz zu verkünden: »Herr P-P-Präsident! Die Woosch!«

Und heute? Speimanes bereichert wie eh und je jedes Hänneschen-Stück im Theater am Eisenmarkt (www.haenneschen.de). Seit 1990 gibt es das »Speimanes-Leed« der Bläck Fööss. **| ÖPNV** Eisenmarkt: Bahn 1, 7, 9 bis Haltestelle Heumarkt **| Bild** Speimanes und die Woosch

63 Oliver Legipont

Mönch und Fälscher

Wer stolz auf seine Stammheimer Herkunft ist, verweist auf eine erste urkundliche Erwähnung vom 11.11. (!) des Jahres 959. In Wirklichkeit jedoch, das weiß auch der belesene Stammheimer, wurde dieses Schriftstück erst 1730 formuliert – als eine von zahlreichen Fälschungen des Mönches Oliver Legipont.

1698 bei Verviers geboren, besuchte er ein Kölner Gymnasium und trat 1717 in die Benediktinerabtei Groß St. Martin am Rhein ein. 1723 wurde er hier zum Priester geweiht und bildete sich weiter zum Bibliothekar und Philosophielehrer. In der Abtei wurde der eifrige junge Mann bald mit Forschungen zur Frühgeschichte von Groß St. Martin beauftragt. Oliver wollte Karriere machen, und offenbar ging ihm die Recherche nicht schnell genug voran. Also entschloss er sich, die gesamte Chronik selbst zu schreiben. Um seinen und des Ordens Ruhm zu mehren, setzt er den Startschuss weit vor das 10. Jahrhundert. Er bringt den Frankenherrscher Pippin den Mittleren (gest. 714) und seine Frau, die heilige Plektrudis (gest. 717), als Gründer mit ins Spiel. So prahlerisch seine Vorreden, so detailliert auch seine Schilderungen zum angeblichen Wiederaufbau nach der Zerstörung durch die Sachsen 778. Fast 200 Jahre lang werden seine Ausführungen von vielen Historikern für bare Münze genommen, bevor im Jahr 1900 der Mediävist Otto Oppermann den Mönch als Schwindler entlarvt.

Wie viele große Fälscher scheint auch Oliver Legiponts Persönlichkeit zwischen Größenwahn und achselzuckender Amoral changiert zu haben. Jederzeit und allerorten bestritt er mit Entrüstung, jemals betrogen zu haben. Dass man ihm ab 1733 den Zugang zum Archiv des Martinsklosters erschwert, beklagt er heftig. Seine Empörung wächst, als der Abt ihn sechs Jahre später offen der Fälschung bezichtigt. Nach »ruhelosen Wanderjahren«, so heißt es in einer Biografie, starb Legipont 1758 in Trier.

Und heute? Groß St. Martin (Di–Sa ab 8.30, So ab 13 Uhr) ist zwar jünger als von Legipont datiert, sieht aber dafür auch umso schöner aus. | **ÖPNV** Groß St. Martin: Bahn 1, 7, 9 bis Haltestelle Heumarkt | **Bild** Die Kirche Groß St. Martin

64 Ernst Leybold

Villen am Fluss

1880 war Ernst Leybold pleite. Also verpachtete er seinen alten Herrensitz am Marienburger Rheinufer an einen Gastwirt und zog in ein Mietshaus. Sein ehrgeiziger, über viele Jahre verfolgter Plan, im Kölner Süden eine Villensiedlung zu etablieren, schien grandios gescheitert.

Der Mann aus Rothenburg ob der Tauber war 1846 in ein Kölner Speditionsunternehmen eingetreten. Fünf Jahre später übernahm er eine Firma für Apothekenbedarf und spezialisierte sich auf pharmazeutische Spezialgerätschaften. Leybold wurde reich, aber offenbar füllte ihn seine Arbeit nicht aus. Schon 1870 verkaufte er seinen Laden, und weil sein Name für Qualität stand, hieß die Firma nun »E. Leybold's Nachfolger«. Der Gründer hingegen steckte fortan sein Geld in das Gelände des ehemaligen Gutshofes Marienburg, wo einst die Römer einen Flottenstützpunkt unterhalten hatten. Leybolds Plan sah vor, hier großzügige Straßen und Grundstücke anzulegen, die allesamt über Kanal- und Gasanschlüsse verfügen sollten. Mangelnde Nachfrage und behördliche Hürden brachten ihn an den Rand des Ruins.

Ende der 1880er jedoch beginnt der Umschwung: Die Stadtmauer fällt, Marienburg wird eingemeindet (1888), bekommt einen Bebauungsplan (1896) und einen Bahnanschluss (die Rheinuferbahn, 1906). Leybold gründet 1891 die Kölnische Immobilien-Gesellschaft als AG, und plötzlich sprudelt die Quelle. Ein wohlhabender Bankier, Verleger und Fabrikbesitzer nach dem anderen erkennt, dass es sich hier, direkt am Fluss und vor den Toren der Stadt, vortrefflich wohnen lässt.

Bis zum Ende des Ersten Weltkriegs war die Bebauung des neuen Viertels praktisch abgeschlossen – ein inselartiges Areal mit individuell gestalteten Luxusvillen. Kioske, Kneipen oder sonstige Krachquellen gibt es hier bis heute nicht, ganz wie Leybold es vorsah. Seltsam nur, dass er selbst nie wieder hier hinzog.

Und heute? Von Leybolds Gutshof existiert noch die Ende des 18. Jahrhunderts errichtete Mühle, heute zum polnischen Generalkonsulat gehörig (An der Alteburger Mühle 6). Seine alte Firma (heute Oerlikon) steht noch immer an der Ecke Bonner und Gaedestraße. **| ÖPNV** Alteburger Mühle: Bahn 16 bis Haltestelle Heinrich-Lübke-Ufer **| Bild oben** Villengruppe Ecke Eugen-Langen- und Godesberger Straße, 1903 **| Bild unten** Die Alteburger Mühle

65 Max Lippert
Ein Restaurant, ein Gericht

Man stelle sich vor, der Burger-Brater offerierte lediglich eine Sorte Frikabrötchen, und in der Pommesbude gäbe es ausschließlich frittierte Kartoffelstäbchen. Heute eigentlich undenkbar, ein solches Unterangebot. Aber am Neumarkt ist genau das Realität, und zwar seit fast 70 Jahren. Denn in der Puszta-Hütte gibt es nichts anderes als Gulaschsuppe. Mit Brötchen, na gut.

Wer hier eintritt, wähnt sich zunächst in einem kleinen Brauhaus. Die Kellner tragen ihre Mühlenkölsch-Stangen mit dem Kranz aus, und man sitzt an typischen Kneipentischen.

Der Mann, mit dem hier alles begann, heißt Max Lippert. Gegen Ende des Zweiten Weltkrieges geriet er in Ungarn in Gefangenschaft. Wie er selbst erzählte, gelang ihm die Flucht, und er fand Unterschlupf bei einer einheimischen Bäuerin. Diese habe ihn nicht nur versteckt, sondern auch auf den Geschmack des ungarischen Nationalgerichtes gebracht. Mit ihrem bis heute streng gehüteten Rezept in der Tasche fand Lippert zurück nach Köln. Die Bretterbude, die er sich 1948 am Neumarkt zusammenschusterte, nannte er »Puszta-Hütte«, eindrucksvolle Fotos aus dieser Anfangszeit findet man auf der Website. Das Konzept des Suppenkochs war so einfach wie bestechend: Ich konzentriere mich auf das, was ich kann – und beschränke mich also auf Gulaschsuppe. Eine Mark kostete damals die Portion, ein seinerzeit hoher Preis. Aber die Schalen waren groß, und es gab immer zwei Brötchen dazu. Auch nach Lipperts Ausscheiden Anfang der 90er hielt man an der Tradition fest, dem Gast auf Wunsch Nachschlag und »Rot« zu gewähren. Bei Letzterem handelt es sich um das leuchtend rote Fett, das beim Kochen abfällt und in dem sich alle Schärfe des ohnehin feurigen Suds noch einmal bündelt. »Unser Gulasch hebt den ältesten Jahrgang aufs Fahrrad«, lautet der Slogan über dem Eingang. Das klingt zwar so schrullig wie antiquiert, trifft aber voll ins Schwarze.

Und heute? Die Puszta-Hütte floriert wie eh und je in der Fleischmengergasse 57 am Neumarkt (Mo–Sa 10–20 Uhr, www.pusztahuette.de). | **ÖPNV** Bahn 1, 3, 4, 7, 9, 16, 18 bis Haltestelle Neumarkt | **Bild oben** Die Pusztahütte um 1948

66 Fygen Lützenkirchen

Selbstständig, selbstbewusst, Seidmacherin

Als sie starb, gehörte sie zu den reichsten Kölnern überhaupt, die Männer also eingeschlossen. Sie besaß mehrere Immobilien, unter anderem das Haus Wolkenburg, einen schicken Neubau aus der Mitte des 15. Jahrhunderts. Den größten Wert jedoch machte ihr florierendes Manufaktur- und Handelsunternehmen aus. Fygen Lützenkirchen war Seidmacherin.

Über ihre Herkunft weiß man nicht viel mehr, als dass ihre Eltern Bellinghoven hießen. Bei der 1437 gegründeten Zunft der Seidmacher/-innen ging sie in die Lehre und machte dort 1474 ihren Meister. Als für beide Seiten außerordentlich profitabel erwies sich die Ehe mit Peter Lützenkirchen. Der Großkaufmann war der Händler, der das Gewerbe seiner Frau belieferte und ihre Produkte wieder in Umlauf bringen konnte. 20 Jahre lang saßen die Eheleute abwechselnd im Vorstand des städtischen Seidamtes. Und dass Peter zudem bei der Hanse sowie als Kölner Ratsherr in Erscheinung trat, war sicherlich auch nicht von Nachteil.

Von Frauen dominierte Zünfte waren eine Kölner Besonderheit, das gab es sonst nur noch in Paris. Fygen Lützenkirchen gehörte zu diesem raren Zirkel, der in den Männerdomänen mitmischte. Von der politischen Bühne vollständig ausgeschlossen, errangen sie zumindest über ihre wirtschaftliche Stellung eine gewisse Macht und Mitsprache. Ihre Kapitalkraft versetzte Fygen in die Lage, große Mengen Rohseide anzukaufen und so Konkurrentinnen auszustechen. Mit ziemlicher Sicherheit war sie auch regelmäßig auf den großen internationalen Märkten in Frankfurt und Antwerpen präsent. Ihr Kölner Betrieb bildete Lehrmädchen aus und sorgte so selbst für seinen Nachwuchs – genau wie Fygen Lützenkirchen im Privaten. Denn als ihr Mann 1498 stirbt, überlässt sie den Seidmacherinnenpart ihrer Tochter Lisbeth. Und widmet sich fortan – auch hier als eine von ganz wenigen Frauen – dem Handelsgeschäft.

Und heute? Fygens Rathausfigur steht an der Ostseite, 1. Stock. In Niehl ist eine kleine, unbebaute Sackgasse nach ihr benannt. An ihre Profession erinnert das Seidmacherinnengässchen am Heumarkt. **| ÖPNV** Rathaus und Seidmacherinnengässchen: Bahn 1, 7, 9 bis Haltestelle Heumarkt **| Bild oben** Seidmacherin auf einem Fresko des 14. Jahrhunderts **| Bild unten** Die kleine Gasse am Heumarkt/Haus Zims

SEIDMACHER
GAESSCHEN

67 Maria von Medici

Letzte Zuflucht Köln

Immer wieder stand der Pöbel unter ihrem Fenster in der Sternengasse, skandierte, blökte und prollte. Ihr Besuch war 1641 ein Ereignis, Maria von Medici war immerhin die Frau des französischen Königs Heinrich IV. gewesen. Nach dessen Ermordung 1610 hatte sie das Reich sogar an seiner Stelle für ihren noch minderjährigen Sohn regiert. Genau der jedoch, Ludwig XIII., vertrieb sie 1617 vom Thron. Weitere 13 Jahre später zwang sie der intrigante Kardinal Richelieu, uns Heutigen bekannt aus einschlägigen Mantel- und Degenfilmen, ins Exil.

Maria von Medici stammte aus dem Haus der florentinischen Medici-Familie. Seit ihrer Kindheit soll sie sich für Musik, Malerei und Edelsteine interessiert haben. Ihre Jugend verlief jedoch ebenso unglücklich wie ihre Ehe – Heinrich war während der Trauung nicht einmal anwesend. Ihr Urteil nach dem Ringen um die Macht mit ihrem Sohn lautete auf Hochverrat, Maria war somit von staatlichem Mord bedroht. Ihre Flucht aus dem Hausarrest 1631 entwickelte sich zur Odyssee. Diplomatische Verwicklungen sorgten dafür, dass man sie weder in den Niederlanden noch in England länger dulden mochte. Als sie im Oktober 1641 schließlich Köln erreichte, war die einst so stolze, hübsche Maria 66 Jahre alt und von einer Hautkrankheit entstellt.

Die Sternengasse ist heutzutage eine gesichtslose Straße zwischen Hoher Pforte und Nord-Süd-Fahrt. Wo einst das Haus Nummer 10 lag, steht ein funktionaler Backsteinbau. Am Eingang erinnert eine Gedenktafel daran, dass hier bis 1588 der Maler Peter Paul Rubens aufwuchs. Maria von Medici starb dort, einsam und verarmt, am 3. Juni 1642. Aber geschichtsträchtig blieb dieser Ort auch nach ihrem Tod. 1883 eröffnete Hermann Päffgen sein erstes Brauhaus in diesen Mauern. Und von 1926 bis 1938 war die Sternengasse Nummer 10 schließlich Spielstätte einer anderen kölschen Institution: des Hänneschen-Theaters.

Und heute? Hinter dem Dreikönigsschrein wird im Dom ein Maria von Medici zugeschriebenes Herzreliquiar aufbewahrt. Die Echtheit wird jedoch bezweifelt. | **ÖPNV** Dom: Bahn 5, 16, 18 bis Haltestelle Dom/Hbf; Sternengasse: Bahn 1, 7, 9 bis Heumarkt | **Bild oben** Historisches Porträt der Maria von Medici | **Bild unten** Das Herzreliquiar im Dom

68 Der Meister der heiligen Veronika

Ein Star auf 80 mal 50

Der Legende nach wurde Jesus auf seinem Kreuzweg von Veronika ein Tuch gereicht. Weil darauf ein Abdruck seines Gesichts zurückblieb, brachte man das Tuch in den Petersdom. Hunderttausende Pilger wollten es sehen, zahllose Künstler malten es. Einer der berühmtesten von ihnen ist der »Meister der heiligen Veronika«.

Der namentlich unbekannte Künstler gilt heutzutage als bedeutendster Kölner Maler aus der Zeit vor Stefan Lochner. Man glaubt zu wissen, dass er der französischen Hofkunst nahestand und ein Kenner der zeitgenössischen Buchmalerei war. Wie er nach Köln gelangte, weiß man nicht, aber er soll sich um 1400 für rund zwei Jahrzehnte hier aufgehalten haben. Zwei seiner Gemälde blieben der Domstadt erhalten: der »Kleine Kalvarienberg« und die »Madonna mit der Wickenblüte«. Beide gehören heute zum Bestand des Wallraf-Richartz-Museums.

Veronikas Name bedeutet eigentlich »Siegbringerin«, wurde aber im Zusammenhang mit dem berühmten Tuch zum Kompositum »vera icon« (»wahres Bild«) umgedeutet. Der Meister malte seine »Heilige Veronika mit dem Schweißtuch« um 1420 auf Tannenholz. Jesus' dunkler, dornenbekrönter Kopf prangt auf dem weißen Tuch wie der eines Stars unserer Tage auf einem Band-T-Shirt. Kleine, puttenhafte Engelchen himmeln ihn an wie treu ergebene Fans. Nur für Veronika will keine moderne Analogie greifen. Ursprünglich war das beinahe klappsymmetrische, rund 80 mal 50 Zentimeter große Bild wohl als Mitteltafel eines Triptychons in St. Severin bestimmt. Anfang des 19. Jahrhunderts gelangte es in die Sammlung der Kölner Brüder Boisserée, die es allerdings 1827 an den Bayernkönig Ludwig I. veräußerten. Und deshalb hängt dieses Hauptwerk des Kölner »Weichen Stils« leider nicht im Wallraf-Richartz-Museum, sondern in Münchens Alter Pinakothek.

Und heute? Die Schweißtuch-Madonna hängt im Saal III der Alten Pinakothek. Des Meisters Kölner Bilder findet man im Wallraf-Richartz-Museum, Obenmarspforten (Di–So 10–18, Do bis 21 Uhr, Feiertage 10–18 Uhr), 1. Etage, Raum 5. | **ÖPNV** Wallraf-Richartz-Museum:Bahn 1, 7, 9 bis Haltestelle Heumarkt | **Bild** Die heilige Veronika mit dem Schweißtuch Christi

69 Paulus Melchers

Der nicht dabei war

Angeblich hielten sich die gläubigen Kölner an jenem 15. Oktober 1880 zurück mit dem Feiern. Dabei wurde an diesem Tag ein Jahrtausendereignis begangen: die Vollendung des Doms nach über 600 Jahren Bauzeit. Die Stimmung wäre sicherlich anders gewesen, hätte Paulus Melchers an den Zeremonien teilnehmen können. Denn dieser Mann war weiß Gott nicht irgendwer, sondern der amtierende Kölner Erzbischof.

Um es vorwegzunehmen: Melchers fehlte nicht freiwillig, sondern war sozusagen entschuldigt. Er saß nämlich, per Haftbefehl gesucht, im Exil. Die in Köln besonders katholische katholische Kirche hatte mit den seit 1815 herrschenden Preußen schon lange über Kreuz gelegen. Dass etwa der Papst unfehlbar sei, wie 1870 als Dogma verkündet, war den Berliner Protestanten nicht klarzumachen. Stattdessen schafften sie die kirchliche Schulaufsicht ab und verboten allen Pfarrern per »Kanzelparagraph«, sich in der Kirche politisch zu äußern. Als die Verleihung geistlicher Ämter schließlich auch unter das Dach des Staates gestellt werden sollte, rebellierte der Erzbischof. Und nachdem er auch mehrfach die Zahlung von Strafbescheiden verweigert hatte, stand am 31. März 1874 die Polizei vor seinem Palais.

Der in Münster geborene Paulus war 1866 zum Kölner Erzbischof ernannt worden. Papsttreu, aber mit durchaus eigenem Kopf, war er bei seinen Schäfchen außerordentlich beliebt. Mit eiserner Disziplin soll er beinahe sämtliche 800 Kölner Pfarreien besucht haben. Nach 1875 jedoch sah er seinen alten Arbeitsplatz nie wieder. Sieben Monate saß er im Klingelpütz ein, bevor ihm die Flucht nach Holland gelang. Von dort aus leitete er seine Kölner Amtsgeschäfte noch fast zehn Jahre weiter, bis ihn der Papst nach Rom berief. Nachdem er am 27. Dezember 1895 verschieden war, kehrten zumindest seine sterblichen Überreste zurück in den Dom. Die preußischen Beamten hatten die Überführung großzügig gestattet.

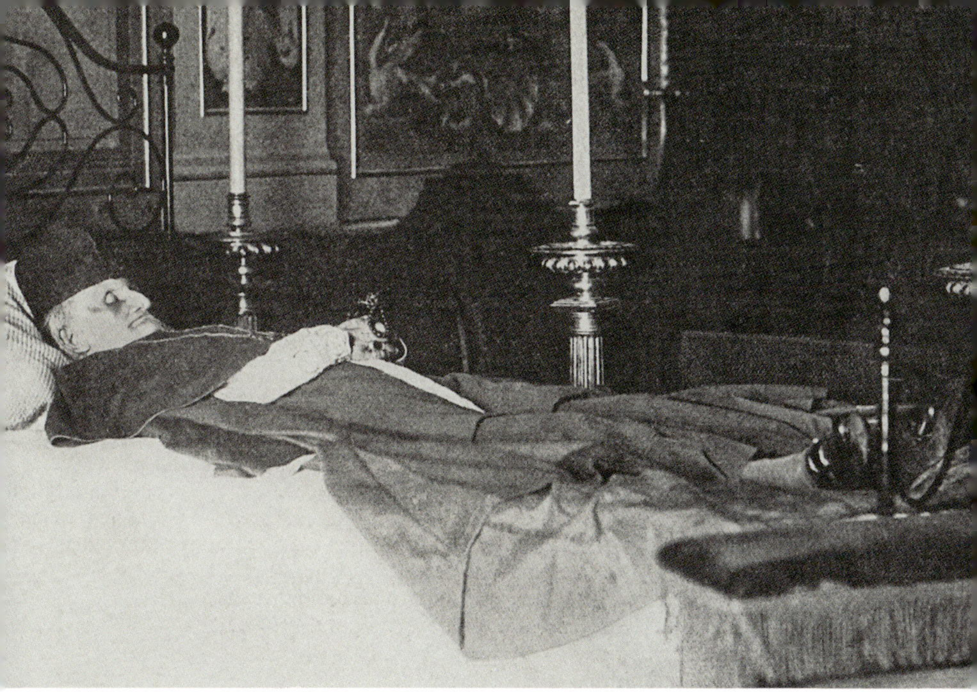

Und heute? Paulus Melchers' Gebeine ruhen in der Bischofsgruft des Doms. In der ihm geweihten Kirche St. Paul an der Ecke Vorgebirg- und Lothringer Straße findet sich die Paulus-Melchers-Kapelle. | **ÖPNV** Paulus-Melchers-Kapelle: Bahn 15, 16 bis Haltestelle Ulrepforte | **Bild oben** Paulus Melchers auf dem Totenbett | **Bild unten** Die Paulus-Melchers-Kapelle in St. Paul

70_Merg
Tod auf dem Rhein

Man kennt weder ihr Geburtsjahr, noch trug sie wohl einen Nachnamen. Wie sie zu Tode kam, diese Dienstmagd namens Merg (Mergard? Margarethe?), ist jedoch penibel beschrieben. In den Kölner Turmbüchern, die Verhöre und Gerichtsverfahren protokollierten, endet ihr Fall mit den Worten: »Merg ist am folgenden Samstag, den 14. Dezember (1591) durch Schöffenurteil condemniert und wegen ihrer Untat (...) am Rhein bei der Salzgasse aufs Wasser geworfen und ertränkt worden.«

Die »Untat«, wegen der die junge Frau sterben musste, hieß Kindsmord. Nicht wenige Frauen aus der Unterschicht, die ungewollt schwanger wurden, bewahrten ihr Geheimnis. Ihnen drohte öffentliche Schande, der Verlust eines ohnehin erbärmlichen Arbeitsplatzes und damit der endgültige soziale Abstieg. Selbstentbindungen und Kindstötungen waren deshalb nicht selten. Doch Merg gab eine ganz eigene Version zu Protokoll: Wochen vor der Zeit sei das Baby gekommen, nachdem sie mitten in der Nacht plötzlich furchtbare Schmerzen gelitten habe. Die jähe Geburt habe sie in Angst und Schrecken versetzt, sodass ihr das Kind entglitten und auf dem Kopf gelandet sei. Als sie aus ihrer anschließenden Ohnmacht erwachte, sei der Säugling bereits tot gewesen. Mord aus Verzweiflung oder ein Unglück? – Für Mergs Häscher war dies keine Frage.

Auf ihre Spur war man gekommen, als ein totes Baby im Abtritt jenes Hauses gefunden wurde, in dem auch Merg lebte. Mehrere Mitbewohnerinnen erklärten später bei Verhören im Frankenturm, sie hätten die Merg auf ihre vermeintliche Schwangerschaft angesprochen. Diese jedoch habe bei Gott geschworen und geleugnet. Viele Unklarheiten kennzeichnen also diesen tragischen Fall, und am unglaublichsten ist die Aussage der Zeugin Agnes Moren: Diese schlief zwar mit der Verhafteten auf einer Kammer, wollte aber »von dem Gebären nichts vernommen« haben.

Und heute? An Mcrg erinnert nichts in Köln, es sei denn, jenes alte Turmbuch hat den Archiveinsturz überlebt. An den inzwischen niedergelegten Frankenturm, damals wohl das Gefängnis für Merg, erinnert das Altstadtgässchen Am Frankenturm. **| ÖPNV** Am Frankenturm: Bahn 5 bis Haltestelle Alter Markt | **Bild oben** Frankenturm und Umgebung in der Kölner Stadtansicht von 1570 nach Arnold Mercator | **Bild unten** Altstadt-Gässchen heute

71 Peter Heinrich Merkens

Der Stammvater der Weißen Flotte

Er 22, sie 16, er Protestant, sie eine adelige Katholikin – anno 1799 galt ein solches Paar in Köln noch als Skandal. Also brannte Peter Heinrich Merkens mit Lisette Coels kurzerhand durch und heiratete diese Tochter aus vornehmem Hause im rechtsrheinischen Altena. Vielleicht kam hier bereits jene Durchsetzungsfähigkeit zum Tragen, die Merkens bald auch als Geschäftsmann auszeichnen sollte. 1810 übernahm er eine alte Gewürzhandlung, die führend im Kölner Salzhandel wurde. Im selben Jahr trat Merkens der Kölner Handelskammer bei, die ihn 1831 zum ersten frei gewählten Vorsitzenden kürte. Zuvor jedoch, im Jahr 1826, brachte er eine Aktiengesellschaft auf den Weg, die bis heute das Rheinpanorama der Stadt entscheidend mitprägt: die Köln-Düsseldorfer Deutsche Rheinschiffahrt AG, wie sie heute heißt.

Mit dem Wiener Kongress war 1815 nach fast 600 Jahren das Ende des Kölner Stapelrechts eingeläutet worden. Fortan stand die Rheinschifffahrt unter neuen Vorzeichen, und Peter Heinrich Merkens übernahm die Regie. 1826 wurde er erster Vorsitzender des Verwaltungsrates der neu gegründeten »Preußisch-Rheinischen Dampfschiffahrtsgesellschaft«. Die Concordia, ein in Holland gebauter Dampfer, eröffnete im Jahr darauf den Linienverkehr auf dem Rhein – dem Namen gemäß führte die Premierentour von Düsseldorf nach Köln. Der protestantische »Entführer« Merkens wurde Mitglied im Stadtrat, später auch im Landtag. In der Assekuranzbranche tat er sich 1838 als Mitbegründer der Kölner Feuerversicherung hervor. Drei Jahre später wurde diese in »Colonia« umgetauft – das nach ihr benannte Hochhaus steht seit 1972 in Riehl.

Als Merkens am 14. Januar 1854 starb, flaggten die mittlerweile 22 Schiffe der KD auf Halbmast. Der Stadtrat gewährte ihm ein Ehrengrab auf dem Melatenfriedhof. Lange vorher schon sollen ihm auch seine Schwiegereltern verziehen haben.

Und heute? Die Schiffe der KD befahren bis heute den Rhein (www.k-d.com). Merkens' Rathausfigur steht im 2. Stock, Nordseite. Historisch betrachtet erinnert auch das Colonia-Hochhaus (An der Schanz 2) an ihn, das heute den Namen »Axa« am First trägt. | **ÖPNV** Rathaus: Bahn 5 bis Haltestelle Alter Markt; Colonia-Hochhaus: Bahn 13, 18 bis Boltensternstraße | **Bild oben** Porträt des Kölner Kaufmanns und Abgeordneten | **Bild unten** KD-Schiff mit Messeturm

72 __ Franz Graf von Merode

Ein »blutiger Ehrenhandel« unter Alkoholeinfluss

Johann Jacob von Königsegg-Rothenfels war schon mit 15 Jahren Kölner Domherr geworden, später diente er der Kirche auch als Kanoniker von St. Gereon. In seiner Wohnung am Gereonsdriesch kam es gegen Ende des Dreißigjährigen Krieges, am 30. April 1644, zu einem folgenschweren Gelage. Dazu eingeladen hatte der Feldmarschall Geleen, Kommandant des kaiserlichen Heeres in Köln. Einer der Gäste: Philipp Germanus Franz Graf von Merode, ein Oberst. Wie die meisten anderen Teilnehmer hatte auch er übel gebechert. In diesem Zustand zettelte er gegen 17 Uhr einen Streit mit dem Obristen von der Beeck an. Schnell zückte man die Degen, beide Kontrahenten wurden verwundet. Merode, bereits des Zimmers verwiesen, stürmte noch ein zweites Mal mit gezücktem Rapier auf seinen Gegner ein, bevor man ihn endgültig hinausschmiss.

Aber auch vor der Tür gab sein vom Alkohol in Wallung geratenes Blut keine Ruhe. Seine Wut richtete sich nun gegen jenen General, der kurz darauf aus dem Tor trat. Der Mann nannte seinen Namen und blieb zunächst friedlich, weil er das Ganze für eine Verwechslung hielt. Aber der betrunkene Heißsporn krähte, das sei ihm egal, und stürzte mit dem Degen auf ihn los. Zugunsten des Fair Plays wurde er festgehalten, während nun auch der General seine Waffe zog. Im folgenden Duell wurde Merode schließlich tödlich getroffen.

In den nächsten Tagen vernahm man alle Beteiligten eingehend, wahrscheinlich saß der General während dieser Zeit sogar ein. Die Protokolle aus dem Historischen Archiv der Stadt Köln zeugen von gründlichen Untersuchungen, die ein eindeutiges Ergebnis erbrachten. Merodes Gegner habe in diesem »blutigen Ehrenhandel« besonnen gehandelt, in Notwehr getötet, sei also freizusprechen. Und warum wird dies alles hier so ausführlich erzählt? Weil jener Notwehrduellant aus dem Jahr 1644 beileibe nicht irgendwer war. Sondern Jan von Werth.

Und heute? In Merode (Langerwehe) steht das Stammhaus der Familie aus dem 12. Jahrhundert (www.schlossmerode.de). In Köln ist Franz Graf von Merode vergessen. Jan von Werth hingegen wurde zum Kölner Helden. | **ÖPNV** Gereonsdriesch: Bahn 12, 15 bis Haltestelle Christophstraße | **Bild** Jan-von-Werth-Denkmal auf dem Alter Markt

73 Sibylle Mertens-Schaaffhausen

Die Dombau-Frau

Als am 15. Oktober 1880 der Schlussstein in die Kreuzblume des südlichen Domturms eingemauert wurde, war ein über 600 Jahre währendes Projekt endlich abgeschlossen. Der Kölner Dom, damals das höchste Gebäude der Welt, war vollendet. Mehrere Tage dauerten die Feierlichkeiten, die für Sibylle Mertens-Schaaffhausen 23 Jahre zu spät kamen.

Das Wesen und Werden des Doms liest sich in den meisten Quellen als reine Männergeschichte: Dombaumeister, Handwerker, Geistliche, Politiker und schließlich der preußische König trugen sich ins historische Grundbuch ein. Aber ebenso energisch wie die rheinischen Honoratioren hatte sich auch eine Kölner Bankierstochter für die Fertigstellung des Jahrtausendwerks starkgemacht. Wichtigste Voraussetzung dafür war die Gründung eines zentralen Dombauvereins gewesen. Und zu den Gründern dieser heutzutage mehr als 14.000 Mitglieder zählenden Assoziation gehörte 1842 auch jene Sibylle Mertens-Schaaffhausen.

Schon mit 19 Jahren zwang ihr Vater sie zur Heirat mit dem Bankier Louis Mertens, mit dem sie ab 1832 auch noch von Köln nach Bonn umziehen musste. Aus der »Höllenehe«, wie ihre gleichaltrige, damals noch wenig bekannte Freundin Annette von Droste-Hülshoff sie bezeichnete, gingen sechs Kinder hervor. Dank ihrer vielfältigen Interessen wurde Sibylle zu einer anerkannten Archäologin, Stadtforscherin, Kunstsammlerin und Numismatikerin ihrer Zeit. Und nicht zuletzt gebührt ihr auch ein Platz in der deutschen Frauen- und Lesbengeschichte. Mit Adele Schopenhauer, Schriftstellerin und Schwester des Philosophen Arthur, pflegte sie noch zu Lebzeiten ihres Mannes eine langjährige Liebesbeziehung. Und da Sibylle sich zwar nicht scheiden lassen konnte, aber ein eigenes Haus bewohnte, lebten die beiden sogar zeitweise offen zusammen.

Und heute? Sibylle Mertens-Schaaffhausen liegt auf dem Campo Santo Teutonico in Rom beerdigt. Ihre Autografensammlung (Schriftstücke berühmter Persönlichkeiten) ist im Besitz der Universitätsbibliothek Bonn. Einzelne Stücke ihrer wegen Erbstreitigkeiten verstreuten Kunstsammlung finden sich angeblich noch in Kölner Museumsdepots. | **ÖPNV** Dom: Bahn 5, 16, 18 bis Haltestelle Dom/Hbf | **Bild oben** Ein historisches Porträt Sibylles

74_Joseph Moll

Ein revolutionärer Uhrmacher

Die revolutionären Umtriebe des Jahres 1848 gingen auch an Köln nicht spurlos vorüber, im Gegenteil. Mit Franz Raveaux, Andreas Gottschalk, dem Ehepaar Franziska und Fritz Anneke oder Robert Blum tummelten sich hier einige unterschiedlich radikale Demokraten. Ihre Flug- und Zeitschriften, die Proteste auf den Straßen und vor dem Rathaus setzten die Stadt unter Strom. Aber wie es in Köln nicht anders sein kann, endete auch manche Aktion im rheinischen Nirwana. Der Zufall wollte es, dass die erste Kölner Demonstration ausgerechnet am 3. März des Jahres stattfand, einen Tag nach Weiberfastnacht. Und als die Kölner am 25. September endlich »auf die Barrikaden« gingen, ernteten sie landauf landab satirischen Spott.

Federführend bei diesen Umtrieben war der Uhrmacher Josef Moll, seit Gottschalks Festnahme Präsident des Arbeitervereins und Mitglied im Bund der Kommunisten. Weil ein Kreiskongress der rheinischen Arbeitervereine anberaumt war, hagelte es seit den Morgenstunden willkürliche Verhaftungen seitens der Polizei. Moll hielt kämpferische Reden und organisierte die Anhäufung von 30 bis 40 Barrikaden rund um den Alter Markt. Er »schien sich darin zu gefallen, dass er den Mittelpunkt bildete«, schrieb eine Zeitung ein wenig boshaft, »und so wurden denn die Barrikaden gebaut, von denen kein Verständiger etwas wissen wollte.« Und auch sonst niemand, muss man ergänzen. Molls Befürchtung, das Militär könnte zum Frontalangriff übergehen, bewahrheitete sich nicht. Kölns Barrikadenkämpfer gingen nach Hause, sodass Soldateska und städtische Arbeiter am nächsten Morgen in aller Ruhe aufräumen konnten.

Bald darauf verließ der Freiheitskämpfer Joseph Moll seine Heimatstadt und wandte sich gen Süden. Er starb am 28. Juni 1849 als Kanonier in der großen »Schlacht an der Murg«. Und Friedrich Engels schrieb: »Ich verlor in ihm einen alten Freund.«

ROBERT BLUM

Geboren an dieser Stætte am
10 November 1807 Erschossen
zu Wien am 9 November 1848
Ich sterbe für die deutsche Freiheit
für die ich gekämpft Möge das
Vaterland meiner eingedenk sein

Und heute? Nach Joseph Moll sind seit DDR-Zeiten einige ostdeutsche Straßen benannt. In Köln erinnert nichts an ihn, an die Kämpfe von 1848 allerdings unter anderem eine Robert-Blum-Plakette am Fischmarkt. | **ÖPNV** Fischmarkt: Bahn 1, 7, 9 bis Haltestelle Heumarkt | **Bild** Die Robert-Blum-Plakette am Fischmarkt

75 Mutter Colonia

Die Frau hinter den Frauen

Sucht man nach kölschen Stadtmüttern, kommt einem schnell Agrippina in den Sinn, die römische Powerfrau und Mörderin, die letztlich für die Erhebung des Oppidum Ubiorum zur Stadt verantwortlich war. Auch an die christliche Märtyrerin Ursula mag man denken, deren 11.000 getötete Jungfrauen im Stadtwappen als Flammentränchen verewigt wurden. Und weil aller guten Dinge drei sind, sei hier auch noch die Jungfrau des Kölner Dreigestirns in den Kandidatinnenkreis mit aufgenommen. Aber wer ist sie denn nun wirklich, jene »Mutter Colonia«?

Geht es nach dem Künstler Seff Weidl (1915–72), dann handelt es sich bei Mutter Colonia um ein ausgesprochen schlankes Weib mit ernstem Gesichtsausdruck. Seine fast vier Meter hohe Bronze hängt an der nördlichen, dem Historischen Rathaus abgewandten Seite des Spanischen Baus. Die ausgebreiteten Arme der grazilen Gestalt spannen einen Schutzmantel auf, unter dem sich, dicht an die Mutter geschmiegt, das Volk Kölns versammelt. Mit ihrer dezenten Krone und der engen Fußstellung erinnert sie ein wenig an den gekreuzigten Jesus, ganz im Gegensatz zu ihrem Abbild im Severinsviertel: Der Karl Berbuer gewidmete Narrenbrunnen von 1987 präsentiert sie als karnevaleske Gallionsfigur mit dicken Zöpfen und derbem Krinolinenrock. Eher in diese Richtung gehen auch die Darstellungen der kölschen Übermutter auf diversen Rosenmontagswagen der letzten Jahrhunderte.

Stadt-Allegorien dienen von alters her dem Segen, Wohl und Schutz der Bewohner. Die Historikerin Irene Franken geht in ihrem »Frauen-Stadtführer« davon aus, dass Weidls Stadtmutter aus den 1950ern ein bewusst abstrakt gebliebenes Sinnbild darstellt. Eine solche Symbolfigur sei »leichter akzeptierbar als reale, machtgierige Frauen wie Agrippina«. Genau aus diesem Grunde jedoch blieb wohl die »Mutter Colonia« immer ein wenig farblos. Und wer sie wirklich ist, weiß nur Marie-Luise Nikuta.

Und heute? Außer den genannten Denkmälern erinnert auch ein Lied von Hans Knipp und Hartmut Priess an die ominöse Mutter Colonia, geschrieben 1979 für Renate Fuchs, die wiederum den Beinamen »Callas von Niehl« trägt. | **ÖPNV** Spanischer Bau: Bahn 5 bis Haltestelle Alter Markt; Narrenschiff: Bahn 3, 4 bis Severinstraße | **Bild oben** Mutter Colonia am Spanischen Bau | **Bild unten** Dieselbe auf dem Narrenschiff

76_ Nikolaus von Verdun
... und die edelste Knochenkiste des Mittelalters

Sie ist 110 Zentimeter breit, 153 hoch und 220 lang. Sie hat die Form einer glanzvollen Kirche und ist mit 74 Figuren bestückt. Über 1.000 Edelsteine und Perlen schmücken die komplett vergoldete Truhe, die man ohne Übertreibung als den wertvollsten Schatz des Mittelalters bezeichnen darf: den Dreikönigsschrein.

Das einzige namentliche Lebenszeichen des Goldschmieds und Emailkünstlers Nikolaus von Verdun bietet der Altar des Stifts Klosterneuburg in Österreich. »Nicolaus Virdvnensis« ist dort als Schöpfer genannt, und die Jahreszahl der Vollendung: »1181«. Manche Forscher sprechen dem Künstler auch den berühmten Siegburger Schrein des Erzbischofs Anno zu, aber man ist sich da nicht wirklich sicher. Weitgehende Einigkeit herrscht hingegen hinsichtlich seiner Urheberschaft in Köln.

1164 waren die Gebeine der Heiligen Drei Könige per Raubzug von Mailand nach Köln gelangt. Sowohl ihr sakraler als auch ihr wirtschaftlicher Wert waren (und sind!) für die Stadt Köln unermesslich. Deswegen scheute man keine Mittel, um den Reliquien einen repräsentativen Schrein zu schaffen. Nikolaus von Verdun schien da der richtige Mann zu sein, zumal er die Goldschmiederei mit innovativer Technik vorangebracht hatte. In den folgenden Jahrzehnten war er allerdings sicherlich nicht an jedem Arbeitsschritt beteiligt, die Rückwand etwa wurde 1220 begonnen und stammt auf keinen Fall von ihm. Dennoch trägt das Gesamtpaket seine Handschrift.

Der Lothringer Goldschmied hatte sein Meisterstück abgeliefert und war fortan begehrter denn je. Im wallonischen Tournai, wo er vermutlich auch starb, schuf er 1205 den Marienschrein der Kirche Notre-Dame. In Köln hingegen machte man sich nach der Fertigstellung des Dreikönigsschreins 1225 an die Planung eines anderen Großprojekts, das der edlen Knochenkiste einen ebenbürtigen Mantel liefern sollte: den Dom.

Und heute? Der Schrein steht als Hauptattraktion im Chor des Doms. Nikolaus findet man am Rathausturm neben Erzbischof Rainald von Dassel, der die Gebeine aus Mailand entführte (1. Stock, Westseite). | **ÖPNV** Rathaus, Dom: Bahn 5, 16, 18 bis Haltestelle Dom/Hbf | **Bild oben** Nikolaus am Rathausturm (lks.) | **Bild unten** Der Dreikönigsschrein

77 Georg Simon Ohm

$U = R \cdot I$

Auf das Erbe Georg Simon Ohms könnten auch andere Städte Anspruch erheben. Erlangen zum Beispiel, wo er geboren wurde, seine Jugend verbrachte und 1811 den Doktor machte. Oder Nürnberg, das ihn 1833 als Professor an die Polytechnische Schule holte, aus der später die Georg-Simon-Ohm-Hochschule hervorging. Oder schließlich München, wo sich sein alter Traum erfüllte, Professor für Physik zu werden. Dort an der Isar ist er auch begraben. Aber seine für die Nachwelt bedeutendste Entdeckung machte er in Köln am Rhein.

Ohm kam aus einem Schlosser-Haushalt, war also nicht auf Rosen gebettet. Trotz Doktorwürde sah er sich 1813 gezwungen, als Lehrer an eine Bamberger Realschule zu wechseln. Vier Jahre später zog es ihn dann ins preußische Köln, wo man ihm eine Stelle als Oberlehrer für Mathematik und Physik angeboten hatte. Das Marzellengymnasium, seinerzeit eine renommierte Adresse, verfügte über ein gut bestücktes Arsenal physikalischer Instrumente. Der durch seinen Vater vor allem mathematisch geprägte Georg wechselte in der Folge zunehmend vom Abstrakten ins Angewandte. In der Marzellenstraße 32, wo heute das Generalvikariat des Erzbischofs residiert, wohnte Ohm damals, im dritten Stock. Und dort entdeckte er eine physikalische Regelmäßigkeit, die man später das »Ohmsche Gesetz« nennen sollte. Die Formel $U = R \cdot I$ erklärte erstmals die gegenseitigen Abhängigkeiten von Strom, Spannung und elektrischem Widerstand.

Ohms innovative Leistung wurde zunächst ignoriert und erst in den 1830er Jahren weltweit gewürdigt. In Köln ist man heutzutage dermaßen stolz auf den temporären Sohn, dass man ihn sogar mit einer Statue auf dem Rathausturm verewigte. Wirklich verbunden fühlte er sich der rheinischen Metropole jedoch nie. Schon im Sommer 1826, nur ein paar Monate nach der Formulierung des Ohmschen Gesetzes, verließ er Köln gen Berlin.

Und heute? Das Marzellen- heißt heute Dreikönigsgymnasium. Am ehemaligen Wohnhaus Marzellenstraße 32 wurde 1939 eine Gedenkplakette für Ohm angebracht. Seine Rathausfigur steht an der Nordseite, 2. Stock. In der Südstadt findet man die Ohmstraße und in der Westerwaldstraße in Humboldt-Gremberg die Georg-Simon-Ohm-Schule. | **ÖPNV** Marzellenstraße: Bahn 5, 16, 18 bis Haltestelle Dom/Hbf; Rathaus: Bahn 1, 7, 9 bis Heumarkt | **Bild oben** Georg Simon Ohm im Porträt | **Bild unten** Plakette an der Marzellenstraße

GEORG·SIMON·OHM
ENTDECKTE·IN·DIESEM·HAUSE·ALS
LEHRER·AM·ALTEN·KÖLNISCHEN
GYMNAS·UM·IM·JAHRE·1826
DAS·GRUNDGESETZ·DER
ELECTRISCHEN·STRÖME
DIE·HANSESTADT·KÖLN

78_ Werner Overstolz

Der Kaiser, der Papst und der Clan

Als Werner Overstolz 1444 begann, ein Familienbuch zu schreiben, hatte er seine Gründe. Durch die im Verbundbrief von 1396 festgeschriebene neue Stadtverfassung hatten die Patriziergeschlechter ihre Vormachtstellung schon ein halbes Jahrhundert zuvor verloren. Damit war es gesellschaftlich, politisch und in der Folge auch wirtschaftlich mit den einstigen Stadtherren bergab gegangen. Aber immerhin, das wollte Werner beweisen, verfügten die Overstolzen im Gegensatz zum aufstrebenden Handwerkerplebs über eine Geschichte. Also setzte er sich hin und notierte in den nächsten zwei Jahren jeden Vorfahren, jede Kirchenspende und jedes Grab seiner Familie.

Familienbücher waren zuvörderst für die eigenen Reihen gedacht. Auf dass der Sohn sich im Lichte der langen Familientradition sonne. Heutige Quellenforschung datiert die erste Erwähnung eines Overstolzen auf das 12. Jahrhundert. Weil sich die Kölner Patrizierfamilien des Mittelalters jedoch zu einer Art merkantilem Adel aufbliesen, weiteten sie ihre Genealogie gern ein wenig aus. Auch Werner kolportiert jene Sage, nach der die Overstolzen als eine von 15 Familien zur Zeit der Christianisierung aus Rom an den Rhein gekommen seien. Kaiser Trajan und der Papst höchstpersönlich hätten sie damit beauftragt, hier das Regiment zu übernehmen.

Noch 1268, in der berühmten Schlacht an der Ulrepforte, hatten die Overstolzen die Stadt erfolgreich gegen die Truppen des Erzbischofs verteidigt. Overstolz (»Überstolz«, Hochgemut) war nicht nur ein Name, sondern Programm. Die Dynastie von Großkaufleuten (Tuchhandel) sowie Großgrund- und Immobilienbesitzern befand sich auf dem Gipfel ihrer Macht. Werner Overstolz, seit 1443 Deutschordensritter, schrieb 180 Jahre später gegen das Verlöschen des Geschlechts an. Vergeblich, denn mit seinen Söhnen endete der (männliche) Trieb seines Stammbaums.

79__P 100

Kölns ältester Musikant

Das römisch-fränkische Gräberfeld unter St. Severin ist abenteuerlich: Steinsärge, Fundamente und Mauerreste in allen Ausrichtungen. Germanische Franken ruhen in freigeräumten Römersärgen, und manche Tote teilen sich eine Wand – da wurde das Wort Reihengrab sehr wörtlich genommen. Besonders spannend: ein Sarkophag aus rotem Sandstein. Denn der, der hier um 700 beerdigt wurde, hatte für seinen letzten Weg nicht nur eine hölzerne Feldflasche und eine schicke, silber beschlagene Tasche mitbekommen, sondern darüber hinaus eine – seine! – Leier.

Liegt hier also der Vorfahr von De Vier Botze, den Bläck Fööss und Brings begraben? In gewisser Weise schon. P 100, wie er nach seiner Grabnummer genannt sei, steht in derselben Tradition wie später die berühmten Minnesänger des hohen Mittelalters. Schon immer umgaben sich die Reichen und Schönen gern mit Spielleuten, die ihnen den Alltag versüßten. Dafür gewährte der Adelige oder Kaufmann dem Musikus Obdach und Verköstigung, und der ein oder andere Ring mag dabei auch den Besitzer gewechselt haben. Genauso waren Musikanten auf den Markt- und Festplätzen der Städte zu Hause, um dort ihre Kunst zu präsentieren und den Hut aufzuhalten.

Der Kölner Barde wurde bei Grabungen 1939 entdeckt. Seine Deckplatte wurde unter großer medialer Anteilnahme abgehoben, die Journalisten waren live dabei. P 100s Leichnam hatten seine Bestatter mit Blumen bestreut und noch einmal richtig fein gemacht. Er besaß Lederhandschuhe, wollene Beinkleider, und das Revers seines Gewandes zierte eine Borte aus Goldbrokat und Seide. Möglicherweise handelt es sich bei ihm um einen musizierenden Adeligen, dem man sein geliebtes Instrument auch im Tod nicht entreißen wollte. Vielleicht jedoch spielte und sang er auch einfach so betörend, dass seine wohlhabenden Gastgeber ihn entsprechend reich beschenkten.

Und heute? P 100s Sarg steht seit 1.300 Jahren in der Südstadt – das Gräberfeld ist nur im Rahmen von Führungen zu besichtigen (www.sankt-severin.de). Seine Leier verkümmert im Fundus des Römisch-Germanischen Museums. Man sollte darauf drängen, sie in die Dauerausstellung zu überführen. | **ÖPNV** St. Severin: Bahn 15, 16 bis Haltestelle Chlodwigplatz | **Bild oben** Mittelalterliche Musikantenszene | **Bild unten** Gräberfeld unter St. Severin

80_ Heinrich Parler

Der Polier vom Dom

»Parler« treten in der architekturhistorischen Literatur fast immer im Plural auf. Die Parler, das war ein Clan von außerordentlich talentierten Handwerkern. Im 14. Jahrhundert, in der Hochphase der Gotik, lief offenbar kein Bauprojekt von Rang ohne ihre Beteiligung. Ob Ulmer Münster, Augsburger, Mailänder, Wiener oder Prager Dom – die Parler waren dabei. Und der Stammvater dieser Dynastie, Heinrich Parler der Ältere, kam mit ziemlicher Sicherheit aus Köln.

Heinrichs Familienname ist identisch mit seiner Berufsbezeichnung: Ein Parler oder Parlier agierte als Stellvertreter des Bauhüttenmeisters, übte also auf der Baustelle eine leitende Funktion aus. Nichts anderes ist mit der heute üblichen Ableitung »Polier« gemeint. Auch in der Kölner Dombauhütte zog Heinrich als »Parlerus de Colonia« die Fäden. Er verließ Köln 1351, um fortan in Schwäbisch Gmünd den Bau des Heilig-Kreuz-Münsters zu beaufsichtigen. Heinrich von Gmünd hieß er von nun an; und dort ist er vermutlich 1370 auch gestorben. Zum berühmtesten Parler sollte sich sein Sohn Peter entwickeln. Er sowie weitere Clanmitglieder scheinen das komplette 14. Jahrhundert über immer wieder am Bau des Kölner Doms mitgewirkt zu haben. Die ehemalige Dombaumeisterin Barbara Schock-Werner verweist etwa auf bestimmte Sockel mit Birnstabprofilen in der Südturmhalle, die ganz ähnlich jenen im von Peter gestalteten Prager Veitsdom sind. Das berühmteste Familienrelikt, die Parlerbüste, findet sich jedoch im Museum Schnütgen. Dieses zu den Prunkstücken der Sammlung zählende Werk wird auf 1390 datiert und steht in der Tradition der »Schönen Madonnen«. Ebenmäßig weiche Züge und ein mildes Lächeln prägen hier Marias Antlitz, das von einem wild wuchernden Blätterkranz umfasst wird. Ihr seltsamer Brustschmuck sollte den Betrachter indes nicht irritieren – das war Heinrichs und seiner Sippe Wappenzeichen.

Und heute? Die Parlerbüste hängt wie eh und je im Museum Schnütgen in der Cäcilienstraße 29, im alten St.-Cäcilien-Teil auf der Empore (Di–So 10–18, Do 10–20 Uhr). | **ÖPNV** Museum: Bahn 1, 3, 4, 7, 9, 16, 18 bis Haltestelle Neumarkt | **Bild** Die Parlerbüste im Schnütgen

81_ Petermann

Zum Affen gemacht

Auch in tierischer Hinsicht herrscht in Köln ein Trifolium. Der Geißbock des 1. FC Köln ist dabei ob seiner agrarischen Herkunft natürlich der Bauer. Moby Dick wiederum, jener Wal, der 1966 im Rhein gesichtet wurde, war weiß wie die Unschuld. Also gibt er die Jungfrau. Prinz hingegen kann nur einer sein: der kapriziöse Affe Petermann.

Die Legende will es, dass er auf einem Bananendampfer nach Köln kam. Weil seine Mutter auf der Überfahrt starb, wurde Petermann mit dem Fläschchen großgezogen. Erste Dressurversuche brachten an den Tag, dass dieser Schimpanse, jedenfalls nach menschlichem Ermessen, ein Genie war. Bald fuhr Petermann Motorrad, aß mit Besteck und trug die Uniformen von Kölner Karnevalsgesellschaften. Seinen nationalen Durchbruch erlebte er Silvester 1952, als er dem deutschen Fernsehvolk ein frohes neues Jahr wünschte – als Champagner-Schimpanse. Aber alles hat seinen Preis. Mit seinem zehnten Jahr erreichte Petermann die Geschlechtsreife und galt fortan als gefährlich. Nicht zu Unrecht, wie sich später herausstellen sollte. Völlig verhaltensgestört, schwankte der kaputt dressierte Affe zwischen Depression und Tobsucht. Als er begann, Zoobesucher mit Kot zu bewerfen, ersetzte man seine Gitter durch eine Glasscheibe. Die folgenden 27 Jahre vegetierte er nur noch dahin. Auch mit Susi, der ihm zugesellten Schimpansendame, wusste er rein gar nichts anzufangen.

Ein letztes Mal in die Schlagzeilen schaffte es Petermann schließlich am 10. Oktober 1985. Weil seine Käfigtür offenstand, gelang ihm die Flucht. Einen Wärter schlug er nieder, den Zoodirektor biss er halb tot, bevor er – noch auf dem Zoogelände – selbst erschossen wurde. Der Kinopartner von Lilo Pulver und René Deltgen, der Affe, den man zum Affen gemacht hatte, war tot. Er soll jedoch, als ihn die Kugeln trafen, die linke Faust in den herbstlichen Himmel gereckt haben.

Und heute? Der erste Meister von Kölns Bunter Liga hieß »Petermann Stadtgarten«.
Sprüche wie »Petermann, geh du voran!« und »Petermann lebt!« zierten noch Jahre
später städtische Mauern. Und der Kölner Autor Walter Filz schrieb 2010 das
dokumentarische Buch »Der Affe zu Köln. Oder: Petermanns Rache«. | ÖPNV
Zoo: Bahn 18 bis Haltestelle Zoo/Flora | **Bild** Petermann mit Zoo-Mütze

82 Johannes Pfefferkorn

Der Autor des »Judenfeind«

Im Jahr 1509 erhielt der aus Prag zugewanderte Johannes Pfefferkorn die kaiserliche Erlaubnis, »bucher vnd schrifften (der Juden) überal zu uistieren« und diese »zunemen vnd zu vnderdrrucken«. Mit anderen Worten: Hier bekam jemand die Lizenz zur reichsweiten Bücherverbrennung. Im selben Jahr war auch ein dazu passendes Schriftwerk Pfefferkorns erschienen. Im »Judenfeind« berichtet der Autor von der »schmach vnnd schande so die Juden teglich got Maria seiner hochwirdigen müter vnd allem himlische her an thun«. Antisemiten gab es schon immer, könnte man resümieren, aber der Fall Pfefferkorn war komplizierter. Der Mann war nämlich selbst ein gebürtiger Jude und erst fünf Jahre zuvor zum Christentum übergetreten.

In Köln hatte sich Pfefferkorn den Dominikanern angedient. Der fanatische Konvertit veröffentlichte eine Schmähschrift nach der nächsten gegen seine ehemaligen Glaubensbrüder. Gegen seinen vom Kaiser gezeichneten Freibrief jedoch erhob sich bald Widerstand. Sei es, dass man seinen blinden Hass nicht mehr ertrug oder dass man ihm das Übermaß an Macht missgönnte: Mehrere Erzbischöfe bezweifelten öffentlich seine Kompetenz. Im November des Jahres setzte der Kaiser deshalb eine Kommission ein, die die Rechtmäßigkeit der Bücherbeschlagnahmungen prüfen sollte. Der angesehene Humanist und Hebraist Johann Reuchlin (1455 – 1522) wandte sich gegen Pfefferkorns Vandalismus, und es begann der sogenannte Bücherstreit. Schrift und Gegenschrift erschienen, jahrelange Prozesse folgten. Die jüdischen Gemeinden bekamen zwischenzeitlich ihre konfiszierten Talmude zurück, und der Streit zwischen Pfefferkorn und Reuchlin entfernte sich immer weiter vom eigentlichen Anlass. Als Papst Leo X. 1520 entschied, dass Reuchlins Verteidigungsschrift »Augenspiegel« zu verbieten sei, hatte der Heilige Vater längst andere Sorgen. In Wittenberg war die Reformation losgebrochen.

Und heute? Die sich satirisch gegen Pfefferkorn wendenden »Dunkelmännerbriefe« wurden vom Projekt Gutenberg erfasst (http://gutenberg.spiegel.de/buch/4489/1). Das Kloster der Dominikaner findet man heutzutage in der Lindenstraße (täglich 8–18 Uhr). | **ÖPNV** Kloster: Bahn 1, 7, 12, 15 bis Haltestelle Rudolfplatz | **Bild oben** Historisches Porträt | **Bild unten** Das Dominikanerkloster an der Lindenstraße

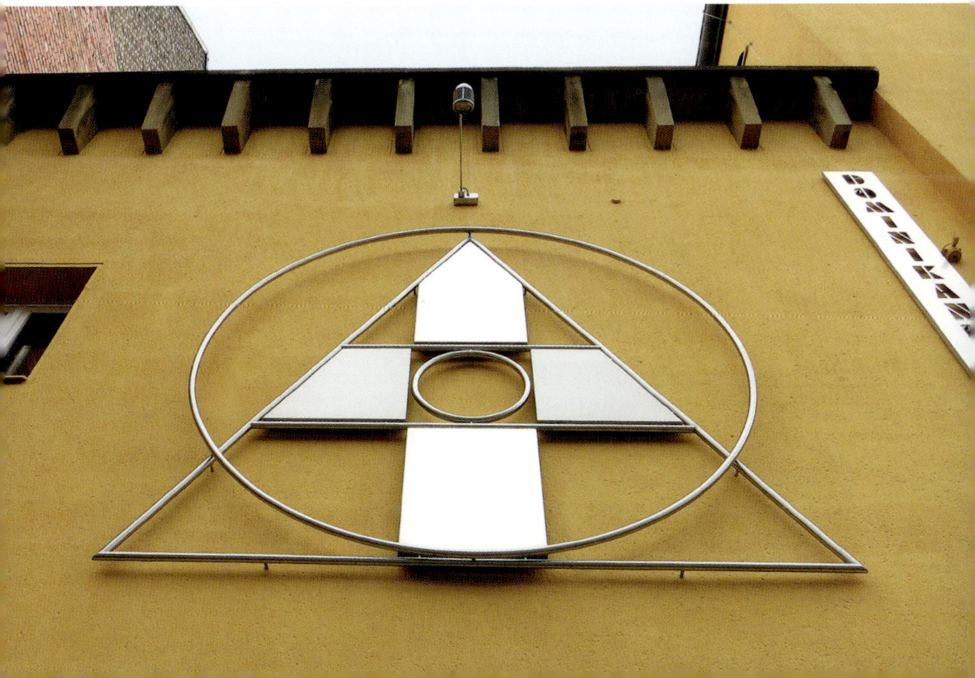

83__ Christina Plum
Als die »peinliche Befragung« peinlich wurde

Sie hatte mehr gestanden, als ihre Peiniger hören wollten. Christina Plum hatte nicht nur zugegeben, selbst eine Hexe zu sein, sondern darüber hinaus noch ein paar andere Menschen der bösartigen Zauberei bezichtigt – darunter zehn prominente Bürger der Oberschicht. Der Domherr Franz von Lothringen und Stadtsyndikus Wissius, einer der Verhörenden, sollten an Hexentänzen teilgenommen haben. Außerdem habe die Frau des Bürgermeisters Hardenrath Unzucht mit dem Teufel getrieben. Im Mai 1629 war das, und weil Christinas Aussagen so kompromittierend waren, ließ man sie zunächst wieder frei. Das Protokoll wurde vernichtet.

Aus heutiger Sicht stellt der Fall der Christina Plum eine Farce dar, allerdings eine tragische. Die Obstverkäuferin und Tochter eines Boten der Gürtelmacher-Gaffel hatte sich ›freiwillig‹, ohne vorherige Denunziation in diese Situation gebracht. Angeblich war ihr die zwei Jahre zuvor als Hexe verbrannte Katharina Henot im Traum erschienen und hatte sie zum Tanzplatz geführt. Henot, einst angesehene Postmeisterin von Köln, war nach einem skandalösen Prozess samt brutaler Folter erdrosselt und verbrannt worden. Zudem fielen Christinas Beschuldigungen in eine Zeit, da der Kölner Erzbischof den Stadtrat anklagte, zum »Beschützer der Giftmischer« herabgesunken zu sein, anstatt erbarmungslos gegen die dunklen Mächte vorzugehen. Das machte die Angelegenheit für die Obrigkeit umso delikater.

Die wohl geistig verwirrte Obstverkäuferin wurde »peinlich befragt« und am 16. Januar 1630 zum Tode verurteilt. Sie starb elendiglich auf Melaten. Aber Christinas Anschuldigungen gegen Vertreter der herrschenden Klasse hatten die Argumente der Hexenverfolger nachhaltig erschüttert. Luziferische Patrizier? Niemals! Vielleicht hat sie so dazu beigetragen, diesen Wahnsinn zu beenden. Erwiesen ist jedenfalls, dass die Frequenz der Todesurteile nach 1630 merklich nachließ.

Und heute? Katharina Henot wurde auf dem Rathausturm verewigt (2. Stock, Westseite). 2012 erschien der historische Krimi »Das Mirakel von Köln« (Bettina Szrama, Emons Verlag), der das Schicksal Christina Plums in den Mittelpunkt stellt. | **ÖPNV** Rathaus: Bahn 1, 7, 9 bis Haltestelle Heumarkt | **Bild oben** »Gemeinschaftliche Verbrennung« von 1574 | **Bild unten** Der Römerturm an der Ecke Sankt-Apern-/Zeughausstraße gehörte zum verschwundenen Kloster St. Klara, von dessen Bewohnerinnen zahlreiche Hexenbeschuldigungen ausgingen.

84 Marcus Postumus
Der Kölner Kaiser

Wer den Namen Postumus in eine Internetsuchmaschine eingibt, bekommt erst einmal ganz viele Münzen zu sehen. Köln war seit geraumer Zeit zur römischen Reichsresidenz mit eigener Münzstätte aufgestiegen, als Postumus, (Gegen-)Kaiser und ab 260 von Köln aus regierend, sein Konterfei zigtausendfach auf Geldstücke prägen ließ. Und nicht zuletzt mit dem schnöden Mammon hing es auch zusammen, dass er 269 starb. Von Mainz aus hatte Laelianus den Aufstand geprobt und sich zum Gegen-Gegen-Kaiser ausrufen lassen. Nach der Einnahme der Stadt soll Postumus seinen Truppen die üblichen Plünderungen verweigert haben, woraufhin er von seinen eigenen Soldaten ermordet wurde.

Über Marcus Cassianius Latinius Postumus' Herkunft ist nichts bekannt. Als Feldherr machte er sich einen Namen bei der Verteidigung der Rheingrenze. Nach einem großen Sieg über die Franken im Jahr 259 rief seine Armee ihn zum Kaiser aus – obwohl das Römische Reich seinerzeit von Gallienus beherrscht wurde. Postumus nahm den Titel an und eroberte im Folgejahr die wichtige Provinzhauptstadt Köln. Gallienus' Sohn Saloninus, der von hier aus die Rheinprovinzen regierte, ließ er hinrichten. Mit ihm zusammen starb Silvanus, der die Truppen befehligt hatte. Beeindruckt von Postumus' Erfolgen und Durchschlagskraft, schlossen sich ihm Gallien, Spanien und Britannien an. Das neue, von Köln aus initiierte Staatsgebilde existierte noch bis 274 und ging als das »Imperium Galliarum« in die Geschichte Roms ein. Nach außen hin hatte sich Postumus mancher Angriffe der rechtsrheinischen Franken zu erwehren. Den innerstädtischen Plebs gewann er, indem er voll auf die lokalen Götter setzte.

In den fünf Jährchen nach Postumus' Tod erlebte das Gallische Sonderreich noch sechs weitere Kaiser. Manche von ihnen regierten nicht länger als ein paar Tage, aber sie alle hinterließen großspurig ihre Spuren: auf Münzen.

Und heute? Postumus' Rathausfigur steht an der Nordseite des Erdgeschosses. Postumus-Münzen findet man im Römisch-Germanischen Museum. Auch die Reste des Prätoriums (Kleine Budengasse) können besichtigt werden. | **ÖPNV** Rathaus, RGM, Prätorium: Bahn 1, 7, 9 bis Haltestelle Heumarkt | **Bild oben** Postumus-Münzen | **Bild unten** Das Prätorium unter dem Rathaus

85 Peter Quentel
Der Drucker des Woensam-Prospekts

Am 5. Januar 1531 geschah Großes in Köln. Weil Frankfurt lutherisch geworden war, wich man für die Königswahl in den Dom aus. Der Chronist Hermann von Weinsberg berichtet, es habe geregnet an diesem Tag, »und aus einer Dachkalle rann es dem König Ferdinand über seine perlenbestickte breite Mütze«. Anton Woensam hatte für diese Gelegenheit seinen wunderschönen, 351 mal 39 Zentimeter messenden Stadtprospekt angefertigt. Und der Mann, der ihn gedruckt hatte und dem Frischgekrönten persönlich überreichen durfte, hieß Peter Quentel.

Peters Vater Heinrich hatte das Unternehmen 1479 gegründet, zunächst als reinen Verlag, später auch als Druckerei. Nach ihm übernahmen die Söhne das Ruder, von denen sich vor allem Peter hervortat. Er trieb in Köln die Einführung der gerade aufgekommenen Frakturschrift voran, die dann bis ins 20. Jahrhundert hinein den deutschen Buchmarkt dominieren sollte. Ansonsten blieb man konservativ-katholisch, unter anderem erschien bei Quentel die deutsche Fassung der päpstlichen Bannbulle gegen Martin Luther. Nachdem der dann im Exil auf der Wartburg das Neue Testament verdeutscht hatte, verlegte man 1528 allerdings auch dieses – ohne den Autor zu nennen, versteht sich. Peter Quentel war Gaffelherr und mehrmals Ratsmitglied – ein angesehener Mann in Köln. Hin und wieder beschäftigte er auch einen talentierten Holzschneider und Buchillustrator, der von Worms rheinabwärts nach Köln gefunden hatte: Anton Woensam eben, durch dessen außergewöhnliches Hauptwerk auch der Name Quentel in der Geschichte des Druck- und Verlagswesens weiterlebt.

Nach Peters Tod 1546 lief der Laden noch eine ganze Weile weiter – allein die 19 Auflagen der katholischen Dietenberger-Bibel hielten die Flamme hoch. 1639 jedoch erlosch die Firma. Und irgendwann im Laufe des 18. Jahrhunderts starb dann auch der letzte Nachkomme, der noch den Namen Quentel getragen hatte.

Und heute? Woensams Stadtansicht ist im Stadtmuseum zu bewundern. Dort im Obergeschoss befinden sich auch mehrere weitere Quentel-Druckwerke, unter anderem ein Messbuch von 1494. Die kleine Quentelstraße findet man im Severinsviertel. | ÖPNV Stadtmuseum: Bahn 3, 4, 5, 16, 18 bis Haltestelle Appellhofplatz; Quentel- straße: Bahn 3, 4 bis Severinsbrücke | **Bild** Woensams Stadtansicht, Ausschnitt

86 Rachel

Die unbekannte Tochter des Schneior

1096 war es in Zusammenhang mit dem ersten Kreuzzug zu mehreren Judenpogromen gekommen. Danach jedoch schien die Kölner jüdische Gemeinde Ruhe zu finden, zumindest vor den schlimmsten Anfeindungen. Als jedoch 1348 die Pest durch Europa zog, war es auch am Rhein vorbei mit der relativen Toleranz. Die »Kölner Bartholomäusnacht« ist als Schande und Massaker in die Geschichte eingegangen. Wieder einmal galten die Juden als »Brunnenvergifter«. Am 23. August 1349 stürmte ein zügelloser Mob das Ghetto nahe dem Rathaus. Sämtliche Häuser wurden in Brand gesteckt, die meisten Einwohner ermordet und die restlichen aus der Stadt gejagt.

Rachel, »Tochter des R. Schneior«, wurde posthum zum Opfer. Wie ihre Grabinschrift ausweist, starb sie bereits Ende August des Jahres 1323. »Ihre Seele sei geknüpft in den Bund des ewigen Lebens«, heißt es dort weiter. Rachel wurde am Judenbüchel beigesetzt, dem einstigen jüdischen Friedhof an der Bonner Straße im heutigen Raderberg. Aber auch der Totenacker wurde nach der Bartholomäusnacht geplündert. Und damit nicht genug, bald danach forderte der Stadtrat die Grabräuber auf, ihre Schätze herauszugeben, schließlich handele es sich hier um städtischen Besitz. Auch der Erzbischof meldete Ansprüche an. Das niederträchtige Geschäft lief auf einen Kompromiss hinaus, jeder bekam seinen Anteil. Auch das Grabmal der Rachel wurde zur Verhandlungsmasse. Über den Verbleib des 102 mal 50 Zentimeter großen Kalksteins hätte man wohl nie etwas erfahren, wenn das ehemalige Judenviertel 1944/45 nicht Opfer einer weiteren großen Zerstörung geworden wäre. So jedoch tauchte er 600 Jahre später wieder auf – unversehrt. Man fand ihn 1953 in einem Bombentrichter an der Nordwestecke des Historischen Rathauses, unterhalb des Hansasaals. Wie die anderen Raubsteine des Judenbüchels war er als Baumaterial missbraucht worden.

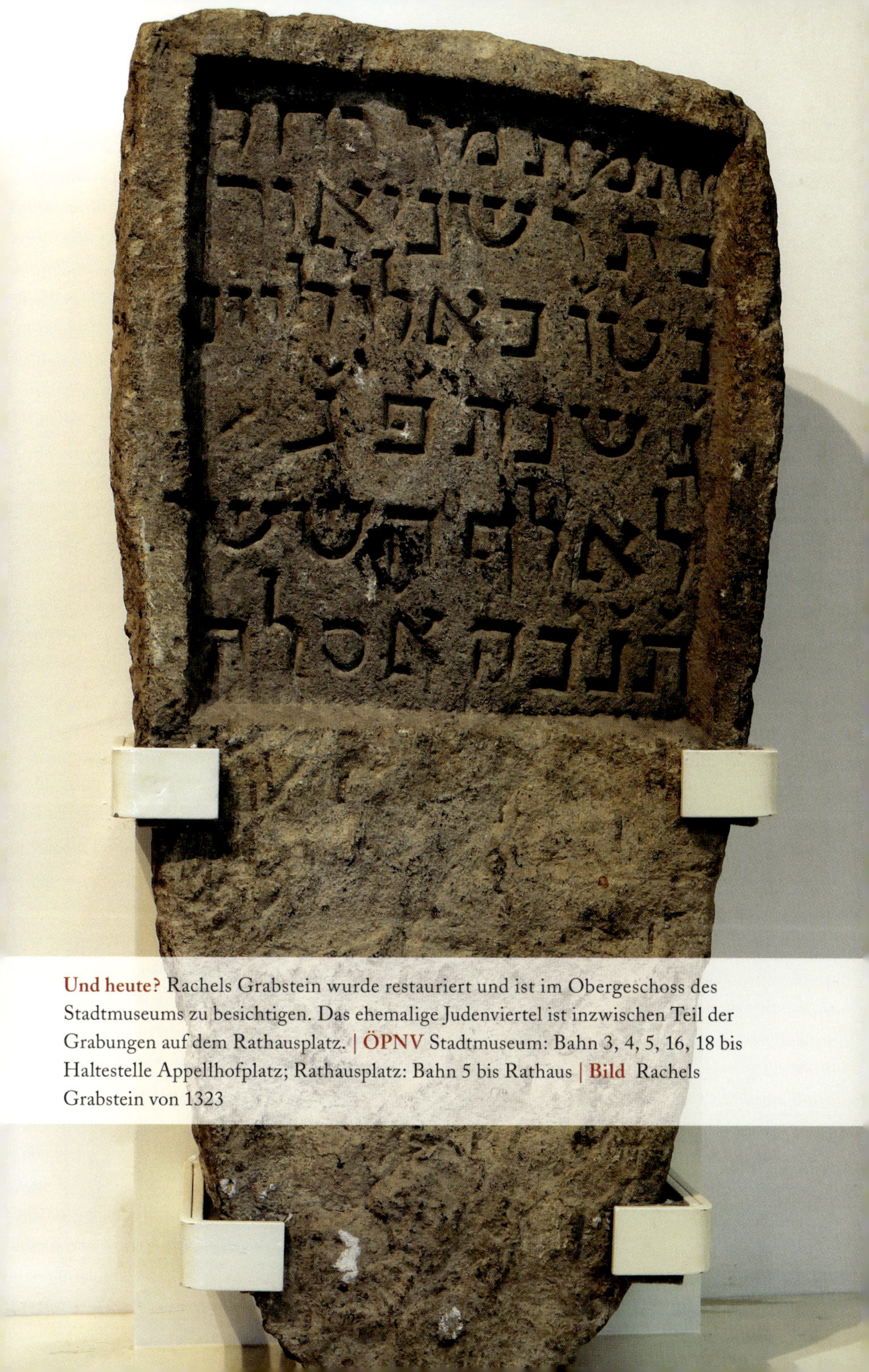

Und heute? Rachels Grabstein wurde restauriert und ist im Obergeschoss des Stadtmuseums zu besichtigen. Das ehemalige Judenviertel ist inzwischen Teil der Grabungen auf dem Rathausplatz. | **ÖPNV** Stadtmuseum: Bahn 3, 4, 5, 16, 18 bis Haltestelle Appellhofplatz; Rathausplatz: Bahn 5 bis Rathaus | **Bild** Rachels Grabstein von 1323

87 Robert Reisch

Ein 1. April ohne Scherz

Es ist nicht überliefert, mit welchen Gefühlen Robert Reisch am 1. April 1888 aufwachte. Na klar, irgendwie hatte Deutz immer zu Köln gehört. Schon die römischen Gründerväter der Stadt hatten schließlich dort drüben ein Kastell errichtet. Und damit es gut erreichbar sei, führte ab dem 4. Jahrhundert auch die erste feste Brücke der Stadt genau nach »Divitia«. In den folgenden anderthalb Jahrtausenden jedoch hatte man sich eine gewisse Unabhängigkeit gegenüber dem großen Bruder auf der anderen Rheinseite bewahrt. Und seit 1808 wurde die unabhängige Stadt sogar von einem eigenen Bürgermeister geleitet. Damit jedoch war nun endgültig Schluss. Trotz des Datums handelte es sich um keinen Aprilscherz, als Robert Reisch sein Amt an diesem Tag niederlegte. Deutz wurde eingemeindet, eine Ära ging zu Ende.

Der gebürtige Schlesier Reisch hatte das Zepter 1867 von Gerhard Schaurte übernommen. In den 21 Jahren seiner Amtszeit profitierte Deutz nicht zuletzt von der seinerzeit galoppierenden Industrialisierung. Der ihm gewidmete Reischplatz ist in vielerlei Hinsicht historisches Terrain. Zum einen findet man hier noch eine jener Pumpensäulen, die ab dem 18. Jahrhundert die alten, offenen Brunnen ersetzten. Zum zweiten verlief am Reischplatz die preußische Befestigungsanlage von 1816 (siehe auch Straßennamen wie Helenenwall- und Kasemattenstraße). Und schließlich stand am Reischplatz von 1915 bis zum Nazipogrom 1938 die Deutzer Synagoge – eine Gedenktafel am Haus Nummer 6, der heutigen Polizeistation, erinnert daran.

Seine politische Karriere setzte Robert Reisch auch nach der Eingemeindung fort. Jenseits des Rheins diente er der großen Stadt noch bis 1900 als Beigeordneter. Am 22. März 1911, sieben Jahre nach seinem Tod, beschloss der Rat, jenen kleinen Deutzer Platz nach Robert Reisch zu benennen. Nach dem letzten Bürgermeister von Deutz.

Und heute? Robert Reisch und seine Frau Maria liegen auf dem Deutzer Friedhof am Rolshover Kirchweg begraben (Flur 6, rechts vom Hauptweg). **| ÖPNV** Reischplatz: Bahn 1, 7, 9 bis Haltestelle Deutzer Freiheit; Friedhof: Bahn 7 bis Poller Kirchweg **| Bild** Reischs Grabstein

ROBERT REISCH

1833 ✡ 1904

—

DEM LETZTEN BÜRGERMEISTER
DER STADT DEUTZ
SEINE MITBÜRGER

88 Johann Rinck

Gönner der Gecken

Wer im 15. Jahrhundert als geisteskrank galt, bekam die rauen Sitten des Mittelalters zu spüren. Toleranz und Mitleid standen damals nicht besonders hoch im Kurs, und der »Dorfdepp« war ein dankbares Opfer. Häuser für »Unsinnige« dienten folglich nicht in erster Linie dem Wegsperren der Kranken, sondern als Rückzugsort. Sie verhalfen ihnen zu etwas mehr Ruhe, Achtung und Pflege. Ein Mensch, dem solcherlei soziale Fürsorge offenbar am Herzen lag, war der gebürtige Hesse Johann Rinck.

Der Kaufmann aus der am Alter Markt residierenden Gaffel Windeck handelte mit allem, was Profit versprach: Waffen und Wein, Tuch und Pelz. Rinck belieferte die Märkte von Köln und Frankfurt genauso wie die von London und Antwerpen. Aber bei aller ökonomischen Aktivität bewahrte er sich seine christliche Mildtätigkeit. Schon zu Lebzeiten bedachte er seine Geburtsstadt Korbach großzügig mit Spenden für soziale Einrichtungen. Und in der Kölner Stolkgasse renovierte man gemäß seinem Testament ein leerstehendes Beginenhaus des Stiftes St. Revilien, in dem fortan »Gecke/Jecke« Aufnahme fanden. Sechs Kammern seien dort geschaffen worden, deren Stroh immerhin quartalsweise gewechselt wurde. Bei der Gelegenheit, so liest man, wurden den Insassen dann auch jeweils die Haare gestutzt.

21 Jahre lang, von 1439 bis 1460, arbeitete Johann Rinck neben seinen Geschäften auch im Kölner Rat. Sein Ansehen als Politiker, Kaufmann und Mäzen förderte das Wohl und den Einfluss seiner Nachkommen. Hermann Rinck, Johanns Neffe, wurde 1481 zum ersten – und nicht letzten – Oberbürgermeister der Rinck-Familie. Schon Stammvater Johann hatte ein repräsentatives Porträt von sich malen lassen. Sohn Peter, zeitweise Rektor der Kölner Universität, kreierte ein Familienwappen, das aus den hessischen Einwanderern quasi kölnische Adlige machte. Aber auch ihm blieb die Unterstützung von St. Revilien eine Selbstverständlichkeit.

Und heute? St. Revilien ist verschwunden. Porträts von Johann und Peter hängen im Obergeschoss des Stadtmuseums, die von Peter gestifteten Kreuz- und Thomas-Altarbilder im Wallraf-Richartz-Museum, Obenmarspforten (Di–So 10–18, Do bis 21 Uhr, 1. Etage, Raum 2). | **ÖPNV** Stadtmuseum: Bahn 3, 4, 5, 16, 18 bis Haltestelle Appellhofplatz; WRM: Bahn 1, 7, 9 bis Heumarkt | **Bild oben** Historisches Rinck-Porträt | **Bild unten** Die Stolkgasse heute, ehemals Sitz von St. Revilien

89 Armando Rodrigues de Sá

Deutzer für wenige Stunden

An jenem 7. September 1964 wurde viel geweint am Bahnhof von Canas de Senhorim. »Ich wollte das nicht, aber er wäre auch ohne meine Erlaubnis gegangen«, sagte Maria Emilia später. Ihr Mann Armando Rodrigues de Sá wollte nach Deutschland, um dort als Gastarbeiter Geld zu verdienen und seine Familie so aus der Armut zu hieven. Drei Tage nach Antritt seiner Reise erreichte er Köln. Aber noch bevor er in Deutz aus dem Zug stieg, erschrak er. Man rief seinen Namen, man suchte nach ihm. Warum? – Armando war der einmillionste Arbeitsmigrant, der in die Bundesrepublik Deutschland kam. Im nächsten Moment war der portugiesische Handwerker umzingelt. Fernsehkameras richteten sich auf ihn, man schüttelte ihm die Hand, und die Werkskapelle von Felten & Guilleaume spielte »Auf in den Kampf, Torero«. Als Krönung bekam Armando einen Strauß Nelken sowie ein werkfrisches Moped geschenkt: eine zweigängige »Zündapp Sport Combinette«.

Das erste Anwerbeabkommen für ausländische Arbeiter wurde 1955 mit Italien geschlossen, die ersten Portugiesen langten hier 1964 an. Zentraler Umsteigebahnhof für Migranten von der Iberischen Halbinsel war Deutz-Tief, bis zum Anwerbestopp 1973 kamen hier knapp eine halbe Million Menschen an. Armando Rodrigues de Sá war 38 Jahre alt, als er am Rhein ausstieg. Er hatte das Zimmermannshandwerk gelernt und war seit 1945 mit Maria Emilia Pais verheiratet. Seine beiden Kinder sah er mindestens einmal im Jahr, wenn ihn das Heimweh packte und er von Deutschland zurück nach Portugal aufbrach. Er soll ein sehr freundlicher, ruhiger Mann gewesen sein, der sein Geld gut zusammenhielt.

Kölner war Armando nur für wenige Stunden, dann fuhr er weiter ins Schwäbische, zu seiner neuen Arbeitsstelle. Sein Moped überführte er so schnell wie möglich nach Hause. Wie seine Frau nach Armandos Krebstod 1979 erzählte, hat er nie jemanden damit fahren lassen.

A ASSOCIAÇÃO ALEMÃ DOS INDUSTRIAIS SAUDA O 1.000 000° OPERÁRIO ESTR
DIE DEUTSCHEN ARBEITGEBERVERBÄNDE BEGRÜSSEN DEN 1.000.000. GASTARBE

Und heute? Armandos berühmtes Moped steht im Bonner Haus der Geschichte und sieht aus, als sei es gerade vom Band gelaufen. | **ÖPNV** Deutzer Bahnhof: Bahn 1, 3, 4, 9 bis Haltestelle Bhf. Deutz; Haus der Geschichte: Bahn 16 bis Heussallee/ Museumsmeile in Bonn | **Bild oben** Armando Rodrigues 10.9.1964 am Deutzer Bahnhof | **Bild unten** Der Bahnhof heute

90 Peter Joseph Schäffer

Ein mörderischer Pfaffe

Am Nachmittag des 7. September 1803 wurden am Poller Rheinufer, notdürftig versteckt zwischen Weidengesträuch, die Leichen
zweier Frauen gefunden. Beide waren mit einem Knüppel erschlagen worden, bevor der Mörder ihnen die Gurgel durchschnitt. Als
dieser wenige Tage darauf verhaftet wurde, tat sich der Kölner
Bürgerschaft ein Abgrund auf. Denn der Täter hieß Peter Joseph
Schäffer und war Pfarrer von St. Maria in der Kupfergasse.

Schäffer war 1766 in Ahrweiler zur Welt gekommen, hatte
Theologie studiert und bereits in mehreren Pfarreien gearbeitet,
bevor er im Sommer 1803 nach Köln kam. Die Schwestern Barbara und Katharina Ritter hatten schon zuvor jahrelang mit ihm
zusammengewohnt, und mit der 20 Jahre älteren Barbara war er
gar per »Privat-Contract« heimlich verheiratet. Die Frauen hatten
ihm all ihren Besitz geopfert, aber er bekannte sich nicht zu ihnen.
Stattdessen versteckte er sie auch in Köln mal hier, mal dort. Bis
sie sich zu beschweren begannen.

In seiner im Gefängnis verfassten Biografie erzählt Schäffer, er
habe einen »verzweifelten Entschluss« fassen müssen, um der Auf-
deckung seines Geheimnisses zu entgehen. Also lockte er die beiden völlig unwissenden und orientierungslosen Frauen unter einem
Vorwand auf die andere Flussseite. Gegen elf Uhr nachts, in tiefer
Dunkelheit, setzte er seinen blutigen Plan in die Tat um.

Während seiner Vernehmung präsentierte sich der mörderische
Pfaffe als theatralischer Selbstdarsteller. Mal gestand er unter Trä-
nen, mal leugnete er empört und verstieg sich gar zu der Behaup-
tung, der echte Mörder habe ausgerechnet bei ihm, Schäffer, die
Beichte abgelegt. Aber alle Phantasie half ihm nichts. »Im Namen
des französischen Volkes« – Köln war noch besetzt – verurteilte
man ihn am 18. November zum Tode. Nachdem einen Monat
darauf auch sein Einspruch abgewiesen worden war, fiel sein Kopf
unter der Guillotine.

Und heute? Das Leben Schäffers und der beiden Schwestern wird ausführlich geschildert in »Die Guillotine im Schatten des Domes« von Udo Bürger. St. Maria in der Kupfergasse wird heutzutage vor allem wegen seiner Schwarzen Madonna besucht. | **ÖPNV** St. Maria: Bahn 3, 4, 5, 16, 18, Haltestelle Appellhofplatz | **Bild oben** Historisches Porträt des Mörders | **Bild unten** Das Poller Rheinufer

91 Adam Schall von Bell

Der chinesische Hofastronom

Was haben der Gesellenvater Adolph Kolping, der ehemalige Oberbürgermeister Fritz Schramma und der Schauspieler Daniel Brühl gemeinsam? Nun, sie gingen alle auf das Dreikönigsgymnasium an der Escher Straße. Und um die drei zum Quartett zu ergänzen, sei noch der Name desjenigen Mannes genannt, der wohl die seltsamste Karriere aller Mitschüler gemacht hat: Adam Schall von Bell.

Sein Lyzeum wurde damals von Jesuiten geleitet, und auf deren Empfehlung hin reiste er auch als nicht einmal 17-Jähriger zum Studium nach Rom. 1617 zum Priester geweiht, zog es ihn noch weiter in die Ferne, gen China. Dass der Kölner Missionar dort dereinst eine unglaubliche Karriere machen sollte, stand bei seiner Ankunft allerdings noch in den Sternen. Vier Jahre wartete er im damals portugiesischen Macao auf seine Einreisegenehmigung, eine Zeit, die er zum Erlernen des Chinesischen nutzte. Außerdem kam ihm zugute, dass er am römischen Collegium Germanicum außer Theologie auch Mathematik studiert hatte und enorme handwerkliche, feinmechanische Fähigkeiten besaß. Bereits ab 1623 für den kaiserlichen Hof tätig, stieg er sieben Jahre später zum Hofastronomen auf. Schall von Bell übersetzte astronomische Werke ins Chinesische und reformierte den chinesischen Kalender, dessen kultisch-religiöse Bedeutung kaum zu überschätzen ist. In einer eigens für ihn eingerichteten Sternwarte beobachtete der Kaiser 1638 erstmals per neumodischem Fernrohr eine Sonnenfinsternis – staunend, wie man sich denken kann.

Als Berater des Kindkaisers entwickelte sich der Kölner Jesuit zu einer Art Schattenherrscher des Reiches. Nach dem frühen Tod des Monarchen 1644 fiel er jedoch in Ungnade. Sein Todesurteil wurde nur aufgehoben, weil man ein Erdbeben kurz vor dem Vollstreckungstermin als Zeichen des Himmels ansah. Bald darauf starb Adam Schall von Bell in Peking, ohne seine Heimatstadt Köln je wiedergesehen zu haben.

Adam Schall Germanus I. Ordinis Mandarinus

Und heute? Ein Denkmal Schall von Bells steht an der Südseite der Minoritenkirche, 1992 gestiftet von der Deutschen China-Gesellschaft. | **ÖPNV** Minoritenkirche: Bahn 5, 16, 18 bis Haltestelle Dom/Hbf | **Bild oben** Historisches Porträt des Wissenschaftlers | **Bild unten** Sein Denkmal an der Minoritenkirche

92 Die Schiffermadonna

Gotisch, pausbackig, flexibel

Sie gehört zu den gütig-gutmütigen Madonnen, wie man sie in Köln besonders mag. Unter verträumten Augen und zwischen dezent geröteten Pausbacken lächelt ein kleiner Mund. Der ebenso propere Knabe betört mit wild gekräuselten Locken. In ihrer Nische direkt neben dem Haupteingang von St. Maria Lyskirchen wurde der überlebensgroßen Schiffermadonna eine würdige Umgebung gestaltet. Das Mauerwerk ziert ein aufgemaltes Rheinpanorama mit winkenden, den Hut ziehenden Bootsleuten. Das Werk des Kölner Kirchenmalers Peter Hecker stammt aus dem Jahr 1930 und musste samt Madonna bereits einmal umziehen, weil die vorige Nische zu feucht gewesen war. Aber Standortwechsel waren für die gute Frau nun wirklich nichts Neues.

Die Bezüge dieser direkt am Fluss gelegenen Kirche zu den Schiffsleuten sind vielfältig. Hier soll bereits der heilige Maternus gewohnt haben, dessen Leichnam später auf einem Boot gen Rodenkirchen (flussaufwärts!) trieb. Die raren, im Original erhaltenen Fresken von St. Maria Lyskirchen zeigen wiederum Stationen aus dem Leben des heiligen Nikolaus, unter anderem Patron der Seeleute. Die vom Volksmund Schiffermadonna getaufte spätgotische Figur stammt aus der Zeit um 1420. Nach Köln kam sie erst nach der Auflösung des Klosters Walberberg im 19. Jahrhundert. Das war lange nach jenem Jahrtausendhochwasser von 1784, das das komplette damalige Inventar zerstörte und von dem heute noch eine imposant hohe Wasserstandsmarke über dem Westportal kündet. In Lyskirchen schmückte die Madonna ursprünglich die äußere Ostwand, wo die Schiffer sie – siehe das historisierende Nischengemälde – im Vorbeifahren grüßen konnten. Die Legende erzählt, dass diejenigen unter ihnen, die ihren Tod in den Fluten fanden, zu Weihnachten hinauf in die Schifferkirche St. Maria Lyskirchen steigen, um ihre letzte Messe zu feiern.

Und heute? Der Boden unterhalb des Madonnensockels wurde 1988 grundüberholt, also wird sie wohl noch länger an diesem Platze bleiben (An Lyskirchen 10, täglich 9 – 18 Uhr). **| ÖPNV** Kirche: Bahn 1, 7, 9 bis Haltestelle Heumarkt **| Bild** Die Schiffermadonna in St. Lyskirchen

93 Anna Maria von Schürmann

Die vertriebene Universalgelehrte

Es mag erstaunen, dass Köln einst als Auffanglager für protestantische Flüchtlinge aus dem Westen diente. Schließlich hatte man in dieser erzkatholischen Feste noch 1529 die beiden Lutheraner Clarenbach und Fliesteden hingerichtet. Aber wie 1568 die Eltern von Peter Paul Rubens, so war auch die Antwerpener Familie von Schürmann um die Mitte des 16. Jahrhunderts vor den Gegenreformatoren an den Rhein geflohen. 1610 jedoch wurde auch hier der Druck auf die Andersgläubigen unerträglich, sodass die Schürmanns samt ihrer dreijährigen Tochter die Stadt verlassen mussten. Was Köln durch diesen Fortzug verlorenging, war eine Frau von seltenem geistigen Potenzial. Denn Anna Maria von Schürmann entwickelte sich zu einer Universalgelehrten. Obwohl ihre Bildungslaufbahn holprig verlief, wurde Anna Maria zu einer der angesehensten Latinistinnen ihrer Zeit. Im Laufe ihres Lebens verkehrte sie mit zahlreichen Geistesgrößen, unter anderem mit dem Philosophen René Descartes. Darüber hinaus lernte sie Griechisch und Hebräisch, Zeichnen und Kupferstechen und verfasste sogar eine Autobiografie. Erst im Alter von etwa 30 Jahren ließ man sie in Utrecht studieren – als einzige Frau. Getrennt von ihren Kommilitonen hatte sie die Vorlesungen aus der »loge grillé« zu verfolgen, einer Gitterzelle unter dem Auladach.

Als über 60-Jährige verfiel Anna Maria von Schürmann der mystisch-pietistischen Labadisten-Gemeinschaft, deren Anführerin sie nach dem Tod des Gründers wurde. Fortan verwandte sie einen Großteil ihrer Energie auf den Zusammenhalt der Sekte. Nur ein Mal noch hatte sie den Weg zurück in ihre Geburtsstadt gefunden. 1653, mit 46 Jahren, baten zwei unverheiratete Tanten um die Hilfe ihrer klugen Nichte. Soweit man weiß, ging es dabei um eine Erbschaftsangelegenheit.

Und heute? Eine echte Liebe zu Köln hat Anna Maria wohl nie entwickelt, dennoch findet man sie als Figur auf dem Rathausturm – mit Staffelei, Pinsel, Buch und einer Eule als Symbol der Weisheit (2. Stock, Westseite). | **ÖPNV** Rathausplatz: Bahn 5 bis Rathaus | **Bild oben** Historisches Porträt der Universalgelehrten | **Bild unten** Anna am Rathausturm (rechts)

94_ Otto Schwalge

»Nennen Sie ihn doch Oskar!«

Anfang der 1950er saß Otto Schwalge in der Polizeiwache Rubensstraße nahe dem Rudolfplatz. Ein Auswärtiger hatte seinen Wagen gerammt und dabei ziemlich demoliert. Nun also nahm ein Polizist den Unfall auf, und auf ebendiesen Beamten richtete sich bald Schwalges ganze Aufmerksamkeit. Da befragte ihn kein autoritärer Preuße, kein nassforscher Draufgänger und auch kein vom Job gelangweilter Däumchendreher. Sondern ein freundlich-besonnener Schutzmann, dem man sein Problem gern anvertraute.

Nun arbeitete Otto Schwalge als Grafiker und Karikaturist, und angesichts dieser Type da auf der anderen Seite des Schreibtischs juckten ihm die Finger. Nachdem er dem Polizisten vor Ort von seiner Idee einer Cartoon-Figur nach seinem Vorbild erzählt hatte, meinte das Original: »Nennen Sie ihn doch Oskar!« Und am 28. August 1954 war es dann so weit: Oskar, der freundliche Polizist, erblickte im Rahmen eines ersten Cartoons im Kölner Stadt-Anzeiger das Licht der Welt.

Der in Köln geborene Zeichner Otto Schwalge hatte die Kölner Werkschulen besucht und war in Kriegsgefangenschaft geraten, bevor er 1951 bei der Tageszeitung einstieg. Jenseits seiner (alltags-)politischen Karikaturen für das Blatt bebilderte er auch Bücher, Werbeprospekte und Zeitschriften wie den Auto-Report oder das TÜVmagazin. 1956/57 lieferte er die Entwürfe für mehrere Fenster der Kirche St. Maria vom Frieden.

Der letzte Oskar-Strip nach 58 Jahren erschien am 16. Juni 2012. Otto Schwalge, seit 1998 Träger des Bundesverdienstkreuzes, starb eine Woche später. Die Cartoonfigur, so erzählte Schwalge einst, entspricht nicht nur charakterlich, sondern auch äußerlich weitgehend jenem Schutzmann, der ihn sein zerbeultes Auto vergessen ließ. Ein altgedienter Cop, dessen Koppel einen korpulenten Ranzen umspannt. Nur eines hat der echte Oskar nicht gehabt: den buschigen Schnäuzer.

Und heute? 1993 wurde ein Boot der Kölner Wasserschutzpolizei nach Oskar benannt. An der Stelle der ehemaligen Polizeiwache Rubensstraße liegt heute der Oskar-Spielplatz. St. Maria kann man nach Anmeldung besichtigen (Tel. 0221/311637). | **ÖPNV** St. Maria vom Frieden, Vor den Siebenburgen 6: Bahn 16 bis Haltestelle Ulrepforte; Rubensstraße: Bahn 1, 7, 12, 15 bis Rudolfplatz | **Bild oben** Der Zeichner und sein Polizist | **Bild unten** Fenster in St. Maria vom Frieden

95 Mechtildis Sinsteden

Die Tempelmadam und der Düxer Dom

In Gustorf bei Grevenbroich wurde am 4. Januar 1782 Anna Maria Mechtildis Sinsteden geboren. Ihre Eltern betrieben dort am Niederrhein eine Mühle, die ihnen offenbar einigen Wohlstand bescherte. Mechtildis' Mitgift fiel jedenfalls recht üppig aus, als sie den drei Jahre jüngeren, ebenfalls betuchten Heinrich Neuhoff ehelichte. Das Herzstück seiner ererbten Ländereien bildete der Tempelhof, gelegen zwischen Deutzer Freiheit und Rhein. Ursprünglich in kirchlichem Besitz, war das Areal nach der Säkularisierung durch die Franzosen in die Hände der Neuhoffs gelangt. Als ihr Mann starb, sagte sich Mechtildis deshalb: »Von der Kirche haben wir unser Vermögen, der Kirche soll es dienen.« Und gab den Tempelhof den Enteigneten zurück. Die fromme Tat brachte ihr bei den Einheimischen den Spitznamen »Tempelmadam« ein, und das Bauwerk, das sie initiierte, wurde ob seiner imposanten Ausdehnung zum »Düxer Dom«.

Der Vorläufer der heutigen Basilika war das Deutzer Benediktinerkloster, 1003 gegründet von Heribert, Kanzler des Kaisers Otto III. und ab 999 Kölner Erzbischof. Bedeutendster Schatz der auch nach ihm benannten Kirche ist sein im 12. Jahrhundert geschaffener Schrein. Die fein gedengelte Goldschmiedearbeit ruht auf schlanken Säulen aus grünem Marmor. Quasi mit seinem Ableben wurde Heribert in Köln auch schon als Heiliger verehrt, aber so fix war man hier nicht bei jeder Gelegenheit. Wer möchte, kann an der Entstehungsgeschichte von Neu St. Heribert sogar etwas typisch Kölsches finden. Spätestens zehn Jahre nach ihrem Tod, so hatte Mechtildis testamentarisch bestimmt, müsse mit dem Bau der Kirche begonnen werden. Ansonsten verfalle die Donation für immer. Die Tempelmadam starb 1881, man weiß nicht genau, an welchem Tag. Vermutlich jedoch war es der 1. August. Denn genau auf diesen Tag, zehn Jahre später, datiert der erste Spatenstich ...

Und heute? Mechtildis' Grab auf dem Deutzer Friedhof ist verschwunden. St. Heriberts Schrein steht hinter dem Altar in der Tempelstraße 2 in Deutz (Mo–So 9–18 Uhr). | **ÖPNV** St. Heribert: Bahn 1, 7, 9 bis Haltestelle Deutzer Freiheit | **Bild oben** Historisches Porträt der Mechtildis | **Bild unten** St. Heribert

96 — Diederich Spitz
Als das Haupt vom Gerüst rollte

Am 21. Dezember 1512 ist es wieder einmal so weit. Die Vetternwirtschaft im Rat hat ein Maß erreicht, das Zünfte und Stadtspitze
aufeinanderprallen lässt. Nachdem die Steinmetzen einen eigentlich verhafteten Gaffelknecht zum Amtsmeister gewählt haben,
bricht eine wüste Straßenschlägerei aus. Fünf Tage später schickt
der Rat seine Büttel los und begeht dabei zweifachen Frevel. Einige Beschuldigte werden aus ihren mit einem Sonderfrieden be-
legten Bürgerhäusern gezerrt und verhaftet. Andere verfolgt man
sogar bis zur Kirche St. Maria im Kapitol. Wer es in den dortigen
Immunitätsbereich schafft, gilt eigentlich als unantastbar.

Am 4. Januar treffen sich die Vertreter der 22 Gaffeln, um
den Gegenschlag vorzubereiten. Sie schwören sich Treue bis in
den Tod. 153 Forderungen ergehen an den Rat, der sich zum
Nachgeben gezwungen sieht. Es folgen wüste Plünderungen und
Chaos, die amtierende Stadtspitze wird abgesetzt und eine neue
inthronisiert. Unter den zehn zum Tode verurteilten Ratsherren
sind die zwei bis dato amtierenden Bürgermeister und der offenbar besonders verhasste Diederich Spitz, den ursprünglich die
Metzgergaffel entsandt hatte. Seine Hinrichtung am 10. Januar
1513 wird zu einem schaurigen Kuriosum, wie eine historische
Quelle berichtet: »Der Henker tat sein Werk: mit einem wuch-
tigen, gezielten Schlag des Richtschwertes trennte er den Kopf
vom Rumpf. Da geschah das Mißgeschick: das Haupt rollte vom
Gerüst, einer der Zuschauer – ein Faßbinder – ergriff es und warf
es auf die Richtstätte zurück. Das hätte er besser nicht getan.
Durch die Berührung des Kopfes, mehr noch dadurch, dass er
in die Arbeit des Henkers eingriff, hatte er sich den Makel der
Unehrlichkeit zugezogen, man stieß ihn aus der Zunft.«

Im Dezember des Jahres wurde dann der »Transfixbrief« als
Ergänzung zur Stadtverfassung formuliert. Er unterband, zumindest eine Zeit lang, weiteren Klüngel.

Und heute? Mehrere historische Richtschwerter der Kommune sind im Parterre des Stadtmuseums in der Zeughausstraße ausgestellt (Di 10–20, Mi–So 10–17 Uhr). | **ÖPNV** Stadtmuseum: Bahn 3, 4, 5, 16, 18 bis Haltestelle Appellhofplatz | **Bild oben** Historische Enthauptungsszene | **Bild unten** Richtschwert aus dem Stadtmuseum

97 Max von Stephanitz

Hund Horands Herrchen

Das Kürassier-Regiment »Graf Gessler« war 1850 nach Deutz verlegt worden. Im Jahr zuvor hatten die Soldaten die revolutionären Aufstände in Baden bekämpft. 1866 sollten sie am Krieg gegen Österreich und 1914 am Ersten Weltkrieg teilnehmen, bevor die Einheit 1919 aufgelöst wurde. Auch der gebürtige Sachse Max von Stephanitz verbrachte einige Zeit auf der rechten Rheinseite, in einer ehemaligen Kaserne auf Höhe der Deutzer Brücke. Der Dresdener Adelsspross hatte ursprünglich Landwirt werden wollen, sich dann aber für eine Militärkarriere im Sattel entschieden. Eines langweiligen Tages, die Truppe war zu einem Manöver aufgebrochen und er in der Etappe zurückgeblieben, beobachtete er einen Schäfer bei seiner Arbeit. Die Konstellation kam ihm bekannt vor: Der Schäfer agierte als Kommandant, der Hund als Meldereiter, die Schafe stellten die Armee der Fußsoldaten. Besonders faszinierte ihn der Hund, der die Rufe und Zeichen seines Herrchens offenbar mühelos verstand und in die Tat umsetzte. Von Stephanitz begann sich unter den damals noch sehr heterogenen deutschen Hütehunden umzusehen und kaufte schließlich 1898 einen dreijährigen Frankfurter Zuchtrüden. Das als »Hektor Linksrhein« geborene und auf den Namen »Horand von Grafrath« umgetaufte Tier wurde zum Stammvater aller Deutschen Schäferhunde.

Einer, der von Stephanitz' Kreation verfiel, war Adolf Hitler. Seine »Blondi« wurde ein beliebtes Postkarten- und TV-Motiv. Im Krieg der Nazis wurde aus dem Zucht- und Hüte- ein Militärhund. 30.000 Schäferhunde dienten der deutschen Armee, sie wurden auch in Konzentrationslagern eingesetzt. Von Stephanitz soll die Nationalsozialisten nicht gerade glühend verehrt haben, auch wenn seine Züchterrethorik ihnen sicherlich ins Blatt spielte. Er starb am 22. April 1936 – auf den Tag genau 37 Jahre nach der Gründung seines Vereins für Deutsche Schäferhunde.

Und heute? Max von Stephanitz liegt auf dem Dresdener Trinitatisfriedhof begraben. An sein Deutzer Kürassier-Regiment erinnert der reitende Lanzenmann am Kennedy-Ufer, nördlich der Deutzer Brücke. | **ÖPNV** Statue: Bahn 1, 7, 9 bis Haltestelle Deutzer Freiheit | **Bild** Der Lanzenmann

98__Heinrich Suderman

Im Ochsenfell zurück nach Köln

Die Kölner Oberschicht des Mittelalters kann man sich kaum verklüngelter vorstellen. Studiert man etwa die Liste der Bürgermeister des 15. und 16. Jahrhunderts, stößt man immer wieder auf dieselben Namen. Ab 1420 taucht dort mit Heinrich der erste Suderman auf. Die Familie war einige Jahre vorher aus Dortmund zugezogen und gelangte offenbar schnell in die höheren Kreise der Stadt. Ab 1415 sind Sudermans als Ratsherren nachgewiesen. Mit Heinrichs Bürgermeisterzeit begann dann eine regelrechte Suderman-Ära auf diesem Posten. Bis zum Jahr 1600 agierte 28-mal ein Dynastie-Mitglied in der damals üblichen Doppelspitze der Stadt. Allein Heinrichs Enkel Hermann wurde zwischen 1541 und 1568 zehnmal für jeweils ein Jahr gewählt. Dessen 1520 geborener Filius wiederum wurde zum einflussreichsten Spross des Clans überhaupt. Der nach seinem Urgroßvater getaufte Heinrich Suderman hatte zunächst in Köln die »Artes« studiert, um danach in Frankreich und Italien auf Jura umzuschwenken. 1556 wurde er der erste hauptamtliche Syndikus (also Rechtsanwalt) der Hanse.

Nach dem Studium hatte sich Heinrich verstärkt mit den Geschicken der Hanse befasst. Der einst so mächtige europäische Kaufmannsbund lag seinerzeit, wie so häufig, im Clinch mit England, es ging um Privilegien und Freihandel. Genau diesem Zwist widmete Suderman fortan einen großen Teil seines Berufslebens. Um es kurz zu machen: Er errang Teilerfolge, ohne die Hanse je wieder zu voller Blüte zu bringen. Und zu allem Übel sah er sich nach 35 Dienstjahren auch noch gezwungen, gegen seinen Arbeitgeber wegen ausgebliebener Gehaltszahlungen vorzugehen.

Heinrich Suderman starb an seinem 71. Geburtstag im hanseatischen Lübeck, verfügte jedoch noch auf dem Sterbebett, er wolle in Köln beerdigt werden. Wegen protestantischer Bedenken verpackten ihn die katholischen Gesandten zur klandestinen Verschickung in Ochsenfelle – als einfaches Handelsgut.

Und heute? Nach den Sudermans wurden in Köln eine Straße und ein Platz nahe dem Ebertplatz benannt. An Heinrich erinnert zudem eine Figur des Rathausturms (1. Stock, Südseite). | **ÖPNV** Sudermanplatz: Bahn 12, 15, 16, 18 bis Haltestelle Ebertplatz; Rathaus: Bahn 1, 7, 9 bis Heumarkt | **Bild oben** Historisches Porträt von Heinrich Suderman | **Bild unten** Der Sudermanplatz heute

99 — Der Tanzende Tod

Alles ist eitel

Der eine macht »Nägel mit Köpfen«, der andere heißt Naegeli und sprayt Köpfe. Totenköpfe, um genau zu sein. Einen davon, ein ganzes Skelett, sprühte er 1980 auf eine vermauerte Tür von St. Cäcilien. Die Aktion erregte großes Aufsehen, und das nicht nur, weil sein Knochenmann fröhlich-unbeholfen zu tanzen scheint.

Der 1939 geborene Harald Naegeli trug seinerzeit den Beinamen »Sprayer von Zürich«, ist also beileibe kein Kölner. Sein tanzendes Kerlchen hingegen hat mittlerweile mehr als drei Jahrzehnte auf dem Buckel, darf also als eingekölscht gelten. In seiner Heimat hatte der Künstler lange im Verborgenen gearbeitet, bevor man ihn enttarnte und zu neunmonatiger Haft verurteilte. Naegeli floh nach Köln – und machte da weiter, wo er aufgehört hatte.

Das Motiv selbst ist tief in der christlichen Mythologie verwurzelt. Anders als der reinigende Totentanz manch anderer Völker steht der Tanzende Tod hier für die Vergänglichkeit alles Lebendigen: Vanitas regiert die Welt, es ist alles eitel. Um den »Kölner Totentanz« vor dem Verschwinden zu retten, veranstaltete der Kölner Kunstverein die Fotoausstellung »Eine andere Malerei« zu Naegelis Werk. In der inzwischen abgerissenen Kunsthalle am Neumarkt war das, und später tanzte der Tod dann lange Zeit nur noch für sich selbst. Niemand außer den Bauarbeitern des Doppelmuseums am Neumarkt konnte ihm dabei zusehen, denn die Fassade von St. Cäcilien war versperrt. Seit der Einweihung des neuen Schnütgen-Traktes im Oktober 2010 jedoch tanzt der Tod wieder öffentlich. Selbst vom Tode bedroht ist er wohl nicht mehr. Denn je länger er am Leben blieb, desto wertvoller wurde er. Was einst als Schmiererei galt und entfernt werden sollte, wurde irgendwann als bewahrenswert angesehen. 1989 bat man Naegeli, seine verwitterte Figur nachzusprühen, und inzwischen steht sie sogar unter Denkmalschutz.

Und heute? Naegelis Knochenmann tanzt an der Westfassade von St. Cäcilien, zu sehen vom Kassenbereich des Museums Schnütgen in der Cäcilienstraße 29 aus. Auch in der Ausstellung trifft man auf mittelalterliche Totentänzer (Di–So 10–18, Do 10–20 Uhr). | **ÖPNV** Museum: Bahn 1, 3, 4, 7, 9, 16, 18 bis Haltestelle Neumarkt | **Bild** Könnte eine Auffrischung vertragen: der Tanzende Tod von St. Cäcilien

100 __ Die Tänzer

Pogo statt Schunkeln

Sie tanzten stundenlang, keuchend, kreischend und bis zum Kollaps. Die Tänzer schrien ihre Visionen heraus, vollführten irrwitzige Sprünge und rissen sich in ihrer Besessenheit die Kleider vom Leib. Sie kannten weder Plan, noch Scham oder Rücksicht. Nicht selten kam es auf den Straßen zu sexuellen Exzessen. Diese kurze Zusammenfassung mag verdeutlichen, was Köln im Jahr 1374 zu verkraften hatte. Schon ab dem 11. Jahrhundert sind wiederkehrende Tanzwahnepidemien nachgewiesen. Zeitgenössische Mediziner erklärten die Krankheit etwa mit einem ungesunden Übergewicht von heißer gelber gegenüber kalter schwarzer Galle. Heute hingegen wird das Phänomen von Psychologen eher mit Verelendungsphasen und desolaten Zeitumständen in Verbindung gebracht – die Sektierer kamen zumeist aus den alleruntersten Volksschichten. Flagellanten ähnlich zogen sie von Ort zu Ort, in Köln fielen in jenem Frühsommer über 500 Tanzwütige ein. Und wie es auf dem Höhepunkt von Massenbewegungen so üblich ist: Täglich fanden sie neue Anhänger. Die losgelassenen Tänzer übten eine maliziöse Anziehungskraft aus, und wer labil genug war, reihte sich ein.

Neben Köln waren 1374 auch Trier, Aachen und Lüttich betroffen. Chronisten berichten von brutal abgeschnürten und schließlich aufgequollenen Unterleibern. Viele der delirierenden Tänzer sollen sich an erhaltenen Faustschlägen und Fußtritten geradezu ergötzt haben. Ganz offensichtlich schlossen hier soziale und psychische Verwirrung einen haarsträubenden Pakt mit sexuellen Implikationen und den religiösen Verirrungen der Zeit. Erstaunlich ist, dass die Sektierer auch in Köln offenbar relativ unbehelligt von der klerikalen Obrigkeit blieben. Die Folgen zu spüren bekamen hier laut der Limburger Chronik lediglich jene »mehr denn 100 Frauwen und Dienstmägd, die nit ehrliche Männer hatten. Die wurden alle in der Däntzerei kindertragend.«

Und heute? Den Tanz als Massenphänomen kennt man auch in unseren Tagen. Er kommt allerdings zumeist weniger krampf- und krankhaft, sondern eher karnevalesk daher. | **Bild oben** »Die Wallfahrt der Fallsüchtigen nach Meulebeeck« von Hendrik Hondius (1564) | **Bild unten** Zeitgenössische Tanzgruppe

101_ Theophanu
Griechin, deutsche Kaiserin, Kölnerin

Ihr Sarg in St. Pantaleon besteht aus weißem, griechischem Marmor. Ein Stirnseitenrelief zeigt die Hagia Sophia aus Konstantinopel neben der Kölner Basilika – als Symbol für die zu Zeiten Theophanus noch vereinigte Kirche. Theophanus Geschichte wurde oft erzählt, aber sie bleibt so spannend wie rätselhaft. Wie wird aus einem griechischen Mädchen eine römisch-deutsche Kaiserin? Wie gelang es ihr, in so kurzer Lebenszeit solche Anerkennung zu gewinnen? Und warum schließlich wollte sie ausgerechnet in Köln beerdigt werden?

Erste Wahl war Theophanu zunächst einmal nicht, als Kaiser Otto I. nach einer Gattin für seinen Sohn suchte. Aus diplomatischen Gründen sollte es eine Tochter des byzantinischen Herrschers sein, aber daraus wurde trotz zäher Verhandlungen nichts. Also kam im Jahre 972 Theophanu, die zwölfjährige Nichte, als Kompromisskandidatin ins Spiel. Als Otto II. 983 starb, war sie 23 und der gemeinsame Sohn gerade einmal drei Jahre alt. Fortan regierte sie also allein, und dank ihrem Geschick und der umfassenden Bildung, die sie in Byzanz genossen hatte, ausgesprochen erfolgreich. Bis zu ihrem eigenen, viel zu frühen Tod war sie nun die mächtigste Frau des Abendlandes.

Mit Erzbischof Gero lernte sie ihren ersten Kölner kennen, er hatte sie auf ihrem Weg zur Hochzeit in Rom begleitet. Gero soll damals Reliquien des heiligen Pantaleon im Gepäck gehabt haben, die ihr Interesse geweckt haben mögen. Spätestens 987 weilte sie erstmals länger in Köln und wiederholte diese Besuche in der Folge häufig. Die Liebe zum Rhein war sogar groß genug, um hier auch mehrere Winter zu verbringen. Immer blieb sie dabei St. Pantaleon verbunden, sei es durch die Überführung der Gebeine des heiligen Albinus oder durch die Finanzierung von Erweiterungsbauten wie dem imposanten Westwerk. Und dort, vor der Tür zum Aufgang, liegt sie nun seit über 1.000 Jahren.

Und heute? Nach der Kölner Griechin ist die Kaiserin-Theophanu-Schule in Kalk benannt, ihre Rathausfigur steht an der Westseite des Erdgeschosses, St. Pantaleon liegt Am Pantaleonsberg (Mo – Sa ab 9, So ab 12 Uhr). | **ÖPNV** St. Pantaleon: Bahn 12, 15, 16, 18 bis Haltestelle Eifelstraße | **Bild oben** Die Kaiserin am Rathausturm (ganz rechts) | **Bild unten** Ihr Sarg in St. Pantaleon

102 Trein Hoestirne

Hermanns erste Hure

Hermann von Weinsbergs Aufzeichnungen aus seinem Kölner Leben im 16. Jahrhundert sind ein schier unerschöpflicher Quell. Wie etwa verlor ein junger Mann seinerzeit seine Unschuld, und was hielt man vom Umgang mit Prostituierten? – Lassen wir, leicht gerafft, Hermann selbst von seinem »ersten Mal« erzählen:

»Anno 1537 bin ich erstmalig verführt worden, in Gesellschaft leichtfertiger Leute. Alle meine Mitstudenten trieben Unzucht, und alle prahlten damit. Am schlimmsten triezte mich der Geistliche Joseph Goltberch damit, dass ich noch immer unschuldig war. Eines Tages nahm er mich mit in die Schemmersgasse, wo ein altes Weib uns zwei Seidenspinnerinnen herbeischaffte. Wir hatten schon vorher ziemlich viel getrunken, und Joseph orderte immer neuen Wein. Ich muss meine Sünde beichten, und ich bekenne, dass es mir von Herzen leid tut. Aber an jenem Tag verlor ich meine Jungfernschaft an die Seidenspinnerin Trein Hoestirne, mit nicht ganz 20 Jahren. Danach fühlte ich mich furchtbar schlecht, mir deuchte mein Handeln grausam gegen alle Tugend, und ich schwor mir, nie wieder Umgang mit solchen Menschen zu pflegen. Noch vier oder fünf Mal bin ich danach volltrunken zu Huren gegangen – immer waren es die schlechte Gesellschaft und der Wein, die mich dazu trieben. Als dann die Franzosenpocken kamen und viele Menschen dahinrafften, habe ich dem Allmächtigen gedankt dafür, dass er mich verschonte. Ab dann habe ich mich tapfer ferngehalten von leichtfertigen Weibsleuten. Alle Eltern sollten gut auf ihre Kinder achten, damit nicht auch sie verführt werden.«

Sagen wir es so: Hermann von Weinsberg tat späterhin noch so manches, was er danach bereute. Zum Beispiel zeugte er ein Kind mit der Magd seiner Eltern und kümmerte sich keinen Deut um die Kleine. Und ob er Trein mit der »hohen Stirn« noch einmal wiedertraf? Nun, aufgeschrieben hat er es jedenfalls nicht.

Und heute? Die einst schummrige Schemmergasse liegt zwischen Poststraße und Kleiner Griechenmarkt. | **ÖPNV** Schemmergasse: Bahn 3, 4, 16, 18 bis Haltestelle Poststraße | **Bild** Die Schemmergasse heute

103 — Henken van Turne

Der aufständische Wollenweber

Möglicherweise war die erste deutsche Zunft die der Kölner Bett-
deckenweber, jedenfalls ist eine entsprechende am Rhein entdeckte Urkunde aus dem Jahr 1149 die landesweit älteste. Bevor es
1396 zum Sturz der Patrizierherrschaft unter dem Dach der neuen
Verbundbrief-Verfassung kam, mussten noch einige Kämpfe aus-
gefochten werden. Einer davon ging als Kölner Weberaufstand in
die Geschichte ein.

Auch Henken van Turne war Weber, beinahe scheint es so,
als fördere die Arbeit am Webstuhl das revolutionäre Potenzial.
In Wirklichkeit jedoch ging es natürlich auch in diesem Fall um
Macht und Ohnmacht, Reichtum und Armut. Im Laufe des Jahres 1370 hatten die aufständischen Weber manchen Sieg gefeiert,
zeitweise konnten sie sich gar als Herren der Stadt fühlen. Aber
wie es häufig so ist: Der Erfolg stieg ihnen zu Kopf, üble Fälle von
Selbstjustiz wurden bekannt, und man sammelte Feinde auch unter
den anderen Handwerkervereinigungen. Henken van Turne wurde
im August 1371 verhaftet und zum Tode verurteilt, von seinen Genossen jedoch gewaltsam befreit. Dies und weitere Verwicklungen
führten am 20. November 1371 zur entscheidenden Schlacht, die
zwischen Waid- und Griechenmarkt vonstattenging. Den Webern
stand eine Allianz aus verfeindeten Zünften, Rat und Richerzeche
gegenüber, die ihnen von vornherein hoffnungslos überlegen war.
Schon bald flohen sie in alle Richtungen, und wer nicht schnell genug unterwegs war, wurde erschlagen oder zumindest eingekerkert.
Als am nächsten Tag langsam Ruhe einkehrte, wurden die ersten
Urteile gefällt. Wer noch nicht gefasst war, durfte fliehen, solange
die Glocken von St. Maria im Kapitol läuteten. Bereits geflohene
Weber sollten die Stadt zeitlebens nie mehr betreten dürfen. Ihre
Häuser wurden konfisziert, ihr Vermögen eingezogen. Henken
van Turne jedoch konnte als einer der Rädelsführer auf keine
Gnade hoffen. Er wurde auf dem Heumarkt geköpft.

Und heute? Über Henken van Turne ist nichts weiter bekannt als das hier Geschilderte. Auch der Mittelalterkrimi »Köln 1371« von Stefan Blankertz (Emons Verlag 2006) handelt vom Weberaufstand. | **ÖPNV** Heumarkt: Bahn 1, 7, 9 bis Haltestelle Heumarkt | **Bild** Die Weberschlacht in der Koelhoffschen Chronik (1499)

104_ Veleda

Verehrt von den Rheinwassertrinkern

Sie kam nie nach Köln, aber die Kölner kamen zu ihr. Und hätte sie an jenem Tag schlechte Laune gehabt, wer weiß, dann wäre es vielleicht für immer vorbei gewesen mit dieser jungen, aufstrebenden Stadt. Aber der Reihe nach.

Im Jahr 69 ließ sich Aulus Vitellius, Oberkommandant der römischen Rheinarmee, in Köln zum Kaiser ausrufen. Um seinem Anspruch Nachdruck zu verleihen, zog er mit einem Teil seiner Truppen nach Italien. Dies nun veranlasste die verschiedenen Germanenstämme, die ausgedünnten Verbände der Besatzer anzugreifen. Um jedoch auf Nummer sicher zu gehen, wurden sie zunächst bei ihrer obersten Seherin vorstellig. Und Veleda, in einem Turm am Fluss Lippe thronend, versprach gutes Gelingen. Bis zum nächsten Jahr hatten die Germanen sämtliche Kastelle nördlich von Mainz zerstört. Nur an die stark befestigte Colonia Claudia Ara Agrippinensium hatte man sich noch nicht herangetraut. Also verlangte die germanische Allianz von ihren ubischen Brüdern: »Reißt die Stadtmauern nieder! Tötet alle Römer! Werdet wieder echte Germanen wie wir!«

Den Ubiern jedoch gefiel es in der vergleichsweise hoch entwickelten Kolonie. Also boten sie lediglich an: freie Durchfahrt und Aufhebung der Zölle für alle Germanen. Um ihrem Kompromiss den Segen zu erteilen, brach eine ubische Gesandtschaft zu Veleda auf – reich bepackt mit Geschenken, versteht sich. Und Veleda ließ Gnade walten. Als die germanischen Kriegsherren sie fragten, ob man Köln vernichten solle, antwortete sie mit Nein. »Sie sind unseres Blutes«, soll sie damals gesagt haben, »und sie verehren dieselben Götter wie wir. Deshalb verschont sie, diese Kölner!«

Eine 1926 gefundene Marmortafel aus Ardea südlich von Rom erzählt inschriftlich von einer »hochgewachsenen Jungfrau namens Veleda, die verehrt wird bei den Rheinwassertrinkern«. Und so sollten es diese Rheinwassertrinker wohl auch heute noch halten.

Und heute? Teile der damals verschonten römischen Stadtmauer können bis heute besichtigt werden, unter anderem an der Trankgasse nahe dem Dom. Außerdem ist in der Südstadt eine Straße nach Veleda benannt (zwischen Bonner und Siegfriedstraße). | **ÖPNV** Trankgasse: Bahn 5, 16, 18 bis Haltestelle Dom/Hbf; Veledastraße: Bahn 15, 16 bis Chlodwigplatz | **Bild oben** Lysolphturm an der Ecke Nord-Süd-Fahrt und Komödienstraße, einst Teil der römischen Stadtmauer | **Bild unten** Ubiermonument An der Malzmühle 1, ebenfalls Teil der alten Mauer

105__ Franz Vonessen

Ein Neinsager unter lauter Mitläufern

1935 war die Zeit der Kompromisse vorbei. Franz Vonessen, seit 1919 Kölner Stadtarzt, war bereits im Vorjahr strafversetzt worden. Weder hatte er sich bei der NSDAP eingeschrieben, noch besuchten seine Kinder Veranstaltungen der Hitlerjugend. In seinen zahlreichen Schriften zur Volksgesundheit las man an keiner Stelle das Wort »Eugenik«, stattdessen sprach der aus Essen zugewanderte Arzt von »sozialer Hygiene«, die stets im Zusammenhang mit den gesellschaftlichen Verhältnissen zu sehen sei. Er hatte Repressionen hinnehmen müssen, sich aber bislang noch immer irgendwie durchlavieren können. Nun jedoch setzte man ihm die Nazipistole auf die Brust. Dem neu geschaffenen »Gesetz zur Verhütung erbkranken Nachwuchses« sollten Taten folgen. Vonessen wurde aufgefordert, an Zwangssterilisationen von »Asozialen« mitzuwirken. Und Franz Vonessen reagierte wie nur ganz wenige andere Ärzte seiner Zeit: Er verweigerte sich.

Auch im weiteren Verlauf der Nazizeit riskierte der Urenkel eines konvertierten Juden und vierfache Vater viel, um seinen Grundsätzen treu zu bleiben. Als Privatarzt organisierte er Lebensmittelkarten für untergetauchte Deserteure und Juden. Ihn und seine Familie hatte man damals längst aus der Krankenkasse ausgeschlossen, sein Leben stand permanent auf der Kippe.

Im Mai 1945 dann die Wende: Die US-Behörden übertragen dem bis dato Verfemten den Wiederaufbau des Kölner Gesundheitswesens. Krankenhäuser erstehen neu, Ärzte, Pflegepersonal und Hebammen werden gesucht, die gesamte technische und bürokratische Infrastruktur fängt wieder bei null an. Franz Vonessen macht sich mit unermüdlichem Fleiß an diese Aufgabe – allerdings ohne je die Aufarbeitung der Nazizeit zu forcieren. 1957, mit 65 Jahren, geht er in Pension – ein Mensch, wie Oberbürgermeister Burauen anlässlich Vonessens Tod 1970 formulierte, der sich dem »Zwang der Diktatur« nicht beugte.

Und heute? Klaus Schmidt schrieb Franz Vonessens Biografie (Das gefährdete Leben). Seinem Wohnhaus in der Braunstraße 39 sollte man eine Gedenktafel verpassen. | **ÖPNV** Braunstraße: Bahn 1 bis Haltestelle Maarweg | **Bild oben** Familienfoto aus dem Jahr 1942 | **Bild unten** Braunstraße in Braunsfeld

106— Mathias Weber

Der Mann, den sie Fetzer nannten

Die letzte Hinrichtung am Domhof datiert auf den 19. Februar 1803. Der Mann, dessen Kopf dort unter der Guillotine fiel, hatte Stadt und Umland über Jahre in Atem gehalten. Mathias Weber, wegen seines brutalen Vorgehens »der Fetzer« genannt, wurden über 180 Raubüberfälle nachgewiesen. Zahlreiche Morde gingen auf sein Konto, unter anderem wohl auch der an seiner Ehefrau. Das recht neue französische Instrument, das ihn tötete, scheint ihn fasziniert zu haben. Ins Gefängnis, die 1893 abgerissene Hacht am südlichen Dom, ließ er sich Bauskizzen der Guillotine bringen und übertrug sie auf die Zellenwand. Vor seiner Hinrichtung bat er um einen Blick unter seiner Augenbinde hindurch, um das Teil ein erstes und letztes Mal im Original zu sehen. Da war er gerade einmal 25 Jahre alt.

Mathias Webers Mutter starb kurz nach der Geburt, sein Vater sieben Jahre später bei einer ausgearteten Sauferei. Der kleine Mathias zog als Scherenschleifer übers Land, verdingte sich als Schafhirte, Waldarbeiter und Soldat, bevor er auf die schiefe Bahn geriet. Seiner ersten Bande trat er mit 16 bei, zunächst im Raum Krefeld. Man beraubte Reisende genauso wie alleinstehende Witwen, Kaufleute und Wirtshäuser. Der Fetzer wurde dabei mehrfach festgenommen, konnte aber stets wieder fliehen. So auch nach einem spektakulären Einbruch ins Neusser Rathaus, als er mit einem sieben Meter tiefen Sprung aus einem vermeintlich ausbruchsicheren Turm entwich. 1796 war das, und Mathias Weber mittlerweile zum Räuberhauptmann aufgestiegen. Drei Jahre später fand der berühmt gewordene Überfall auf den Köln-Elberfelder Postwagen statt, bei dem der Fetzer und seine Genossen über 13.000 Reichstaler erbeuteten. 1802 jedoch wurde er in Frankfurt verhaftet und in Köln zum Tode verurteilt. Manchen Quellen zufolge soll er sich über die zahlreichen Zuschauer seiner Hinrichtung außerordentlich gefreut haben.

Und heute? Die Guillotine, mit der man Weber tötete, wurde bald darauf samt Kriminalgericht nach Aachen verlegt. Der Autor Tilman Röhrig veröffentlichte 2005 den Roman »Die Ballade vom Fetzer«. Auf ein Denkmal wartet Mathias Weber jedoch aus nachvollziehbaren Gründen bisher vergeblich. | **Bild oben** Die Hinrichtung des Fetzers 1803 | **Bild unten** Bereich Domhof/Ludwigmuseum: Der Ort der Hinrichtung heute

107_ Theodor Widdig

Schuster, schwul, standhaft

Auf dem einzigen Foto von Theodor Widdig sehen wir einen schmalen jungen Mann mit sanftem Blick und einem luftigen Oberlippenbart. Widdig war Schuster, und die Männer, die am 12. September 1904 vor seinem Rednerpult saßen, waren seine Kölner Kollegen. Aber was Widdig zu sagen hatte, handelte nicht von Sohlen und Leisten. »Was soll das Volk vom dritten Geschlecht wissen?«, war Widdigs Vortrag überschrieben. Es ging um Homosexualität.

Dass hier ein einfacher Handwerker über ein schwieriges Thema sprach, war neu in der Bewegung. Theodor Widdig war drei Jahre unglücklich verheiratet gewesen, als er sich 1902 seiner Homosexualität bewusst wurde. Und der Kölner Schuster ging damit offen um. Im Gegensatz zu vielen anderen Schwulen seiner Zeit hielt sich seine Angst vor Repressionen in Grenzen, Widdig ging sogar in die Offensive. Als er 1903 von einem Mann erpresst wurde, den er bei sich hatte übernachten lassen, zeigte er ihn an. – Und gewann! Weil er in seiner Bewerbung zum Weichenreiniger bei den städtischen Verkehrsbetrieben über seine Neigung sprach, wurde ihm der Job verweigert. Als er daraufhin Spüler in einem Hotel werden wollte, beantwortete man seinen Antrag mit einem Hausverbot. Auch andere Anstellungen wurden ihm gekündigt, sobald sein Privatleben ans Licht kam.

Engen Kontakt hielt er fortan mit dem von Magnus Hirschfeld gegründeten Wissenschaftlich-humanitären Komitee (WhK), der deutschlandweit ersten Organisation zur Entkriminalisierung der (männlichen) Schwulen. Aus deren Publikationen geht hervor, dass Widdig den Ersten Weltkrieg als Pazifist kritisierte. Auch bestand er gegenüber Lobbyisten darauf, dass die gleichgeschlechtliche nicht über der heterosexuellen Liebe stehe. Eine letzte Notiz aus dem Jahr 1921 betrifft Geldspenden an das WhK, die er von seinem mageren Salär abknapste. Kurzum: Ein interessanter Mensch war das, dieser Kölner Schuhmacher.

Und heute? Im Buch »Anders als die Andern« von Erwin In het Panhuis ist Theodor Widdig ein ganzes Kapitel gewidmet. Geografische Spuren gibt es nicht. | **Bild oben** Theodor Widdig | **Bild unten** Das Mahnmal für homosexuelle NS-Opfer neben der Hohenzollernbrücke

DEN SCHWULEN
'D LESBISCHEN
OPFERN DES
NATIONA
ZIALISMU

108 Else Wirminghaus
Die neue Frauenkleidung und Frauenkultur

Von Else Wirminghaus stammen Sätze zum Geschlechterverhältnis, die Anfang des 20. Jahrhunderts noch geradezu umstürzlerisch klangen: »Früher war der Mann seiner Gattin noch unbedingte Autorität [...]. Heute aber tritt in der Ehe viel mehr das kameradschaftliche Verhältnis der Gleichberechtigung auf. Und ist dies nicht der gesündere Zustand?«, schrieb sie 1911 in ihrem Buch »Die Frau und die Kultur des Körpers«. Und wohlgemerkt, zu diesem Zeitpunkt hatten Frauen in Deutschland noch nicht einmal das Wahlrecht erkämpft, das gelang erst acht Jahre später.

Die studierte Musikerin und Klavierlehrerin war eine der umtriebigsten Gestalten der Kölner (und gesamtdeutschen) Frauenbewegung und saß einige Jahre dem Stadtverband Kölner Frauenvereine vor. Auf der Hohe Straße 137 arbeitete sie als Mitherausgeberin der Zeitschrift »Die neue Frauenkleidung und Frauenkultur«. Anders als in heutigen Modemagazinen ging es in dem Blatt nicht nur ums Hübschsein, sondern um knallharte Genderthemen – etwa um die Verbesserung der Bildung und des Arbeitsalltags junger Frauen. In anderem Zusammenhang sprach Else Wirminghaus einmal davon, dass »eine Emanzipation der Frauen solange unmöglich« sei, wie die »Knechtschaft der Mode« herrsche«. Hier stand unter anderem die irrwitzige Praxis des Korsetts im Fokus. Als Konsequenz entwickelten die Kölner Frauen sodann gesund-bequeme Reformkleidung, die die Wespentaille ad acta legen sollte.

Leider entwickelte sich das Gedankengut der Else Wirminghaus in den 1930ern ins Überspannte, Esoterische. »In ihrer Feier der ›Großen Mutter‹ als Hüterin des Volkes [...] bekräftigte [sie] nationalsozialistisches Gedankengut«, schreibt Irene Franken in ihrem Kölner Frauen-Stadtführer. Während ihre Gefährtin im »Verein zur Verbesserung der Frauenkleider«, die Jüdin Clara Sander, ins Exil fliehen musste, durfte Else Wirminghaus bis zu ihrem Tod 1939 publizieren.

Und heute? An der Hohe Straße 137 steht heute ein Hotel. Vom Eingang aus blickt man in die Stollwerck-Passage und auf Gerhard Marcks' Gaia-Figur – die Urmutter. | **ÖPNV** Hohe Straße: Bahn 5, 16, 18 bis Haltestelle Dom/Hbf | **Bild oben** Else Wirminghaus im Porträt | **Bild unten** Gerhard Marcks' Gaia

109_ Wisigarde
Die edle Tote unter dem Dom

Sie muss einst eine elegant gekleidete Frau gewesen sein. Neben ihrer schicken Stirnbinde trug sie feine Gewänder und Schmuck aus Bernstein, Granat, Gold und Silber. Eine etwa apfelgroße Amulettkapsel dürfte zur Aufbewahrung ritueller, vielleicht auch wohlriechender Objekte gedient haben. Weil ihr Grab unter dem Dom von Räubern verschont wurde, blieben zudem diverse Alltagsgegenstände erhalten. Darunter ein Bronzeeimer, dem der Boden fehlt, und ein verrostetes Messer. Die gläsernen Schalen und Flaschen hingegen sind völlig unversehrt, da könnte man auch nach knapp anderthalb Jahrtausenden sofort einen Schoppen Wein einfüllen.

Jüngste Forschungen haben den hier beerdigten Frauenleichnam als Wisigarde identifiziert. Die langobardisch-gepidische Prinzessin war bei ihrem Tod etwa 28 Jahre alt. Um 537 hatte sie den Merowingerkönig Theudebert geheiratet, einen Enkel des berühmten Chlodwig. So vornehm sie zu Grabe getragen wurde, so tragisch verlief möglicherweise ihr Leben. Ihre Ehe, sagt man, sei aus politischen Motiven initiiert worden. Theudebert, so der Geschichtsschreiber Gregor von Tours, habe sich lediglich auf äußeren Druck von seiner ersten Frau getrennt. Diese wiederum, eine Dame names Deoteria, war vielleicht für Wisigardes frühen Tod verantwortlich. Gerüchte sprachen von einem Giftmord.

Theudebert galt als erfolgreicher Eroberer. Das damalige Frankenreich, das ungefähr dem Gebiet des heutigen Frankreich und Deutschland entsprach, regierte er von 533 bis zu seinem Tod 547. Wenn er nicht gerade auf dem Kriegspfad weilte, residierte er in Reims, und es ist nicht bekannt, ob er der Beerdigung Wisigardes beiwohnte. Dass sie christlichen Glaubens war, belegt das Kreuz, das sie auf der Brust trug. Und ihre Beziehung zu Köln unterstreicht eine der ihrem Grab beigefügten Münzen. Die hatte ihr Gatte mit den Majuskeln COL prägen lassen: COLONIA.

Und heute? Wisigardes Grabbeigaben lagern in mehreren Vitrinen der Domschatz-kammer am Roncalliplatz 2 (täglich 10–18 Uhr). | **ÖPNV** Schatzkammer: Bahn 5, 16, 18 bis Haltestelle Dom/Hbf | **Bild** Grabbeigaben der Wisigarde

110_ Emanuel Ciolina Zanoli
Der erste Held der neuen Zeit

Am 18. Februar 1828 marschieren zwei rivalisierende Volksgruppen in Richtung Neumarkt. Konservative gegen Progressive, Vergangenheit gegen Zukunft. Das Aufeinandertreffen wird laut, womöglich droht hier eine Eskalation. Aber im Zentrum des Mobs steht ein Mann und vermittelt: Emanuel Ciolina Zanoli. Mit Diplomatie und Witz schlichtet er den Disput, alles bleibt friedlich.

Was hier klingt wie ein gerade eben verhinderter Bürgerkrieg, trägt in Wirklichkeit einen anderen Namen: Karneval. »Alte und neue Zeit« lautete in jenem Jahr das Motto des Zuges, und Emanuel war der »Held Carneval«. Den Titel »König« hatte die Polizei wegen drohender Majestätsbeleidigung unterbunden. Zum »Prinzen« wurde der kölsche Obernarr erst nach dem Krieg von 1870/71, weil nur noch der siegreiche Kaiser Wilhelm als »Held« bejubelt werden durfte. Emanuel Ciolina Zanoli war schon 1823 zum ersten Helden des reformierten Karnevals gekrönt worden. Und anders als heute üblich spielte er diese Rolle auch in den Folgejahren.

Die italienischen Zanolis waren bei Farina in die Lehre gegangen, bevor sie sich mit ihrer Version des Eau de Cologne selbstständig machten. Als Emanuel die Firma 1818 übernahm, galten die Zanolis längst als angesehene Unternehmer. In der feinen, männerbündischen »Olympischen Gesellschaft« um Ferdinand Franz Wallraf diskutierte auch Emanuel bereits frühzeitig über eine Erneuerung des Straßenkarnevals. Mit den 1830er Jahren kamen dann aber auch schon die ersten Krisen. Direkt 1830 untersagen die Preußen jeden Umzug, sogar die Karnevalszeitung wird als »staatsgefährdend« verboten. Ein Jahr später muss der »Held« einem »Hans Wurst« die führende Rolle abtreten. 1833 schließlich ist das Komitee zu zerstritten für einen gemeinsamen Rosenmontagszug. Emanuel Ciolina Zanoli hatte sein Heldenkostüm schon 1829 für immer abgelegt. Acht Jahre darauf stirbt er, mit 41 Jahren.

Und heute? Erinnerungen an die Frühzeit des modernen Fastelovend werden im Karnevalsmuseum im Maarweg 134–136 (Do 10–20, Fr 10–17, Sa und So 11–17 Uhr) wachgehalten. | **ÖPNV** Museum: Bus 141, 143, Haltestelle Karnevalsmuseum | **Bild oben** Der Rosenmontagszug des Jahres 1824 | **Bild unten** Prunkwagen aus dem Karnevalsmuseum

111 Hans Zims

Der »König der Nächte«

Köln, man glaubt es kaum, war einmal eine Hochburg des Rad-rennsports. Hier sorgte Anfang der 1930er Jahre Albert Richter für Furore, jener aufrechte Nazi-Gegner, nach dem heute das Müngersdorfer Radstadion benannt ist.

Der dreifache Querfeldein-Weltmeister Rolf Wolfshohl (1960, 61, 63) stammt genauso vom Rhein wie die Straßen-Weltmeisterin von 1978, Beate Habetz. Und in der Blüte der Sechstagerennen jagten gleich mehrere Kölner durchs steile Rund von Dortmund, München, Rotterdam oder New York. Einer von ihnen war Hans Zims, der wegen seiner herausragenden Leistungen gerade in den dunklen Stunden schon bald einen Ehrentitel verpasst bekam: »König der Nächte«.

Den Radklassiker Lüttich – Bastogne – Lüttich verpasste er einst. Auf dem Zug, den er hatte nehmen sollen, habe nicht Lüttich, sondern »Liège« gestanden, gab Zims später zur Erklärung an. Französisch war also eher nicht seine Sache, dafür jedoch der Katholizismus in seiner kölnischen Ausprägung. Vor seinem Büro im Heumarkt-Hinterhof standen und hingen zahllose Madonnen. Nachwuchsfahrer von damals erinnern sich, dass er ihnen bei Trainingstouren stets mehrere Routen offerierte, aber immer jene empfahl, an der die meisten Kirchen standen. Warum? – Weil Zims an jedem Gotteshaus anhielt, um ein Kerzchen anzustecken.

Hans Zims hat nicht nur seine Spuren in der Kölner Rennrad-historie hinterlassen, sondern auch im Stadtbild. Im Haus Zims an der Ecke zum Seidmacherinnengässchen betrieb er eine Gaststätte. Das in den 1560ern errichtete Gebäude gehört zu den ganz wenigen Profanbauten der Renaissance, die in Köln überlebten. Nach der Ära Zims verkam die Wirtschaft ein wenig, bevor sich 2009 die Köl-ner Karnevalsprominenz ihrer annahm. »Heimat kölscher Helden« prangt heute in goldenen Lettern über dem Eingang. Und zu denen zählt selbstverständlich auch der »König der Nächte«, Hans Zims.

Und heute? Das »Gilden im Zims«, wie es inzwischen heißt, findet man am Heumarkt 77 (Mo–Fr ab 12, Sa und So ab 11 Uhr). Zims-Fotos hängen im leicht erhöhten Raum hinter der Theke. | **ÖPNV** Gilden im Zims: Bahn 1, 7, 9 bis Haltestelle Heumarkt | **Bild oben** Hans Zims als Sieger in der Mitte bei einem Rennen in der Halle Münsterland | **Bild unten** Haus Zims

Auf einen Blick:
111 Kölner und ihre Spuren
in der Gegenwart

1_Gussie Adenauer | 1895–1948
Adenauer-Denkmal
(Mittelstraße/Ecke Neumarkt);
Adenauer-Haus in Rhöndorf

2_Ambiorix | I. JAHRHUNDERT V. CHR.
Eburonenstraße (Südstadt); Römisch-
Germanisches Museum (rheinische
Keltenfunde in der Vitrine zur Späten
Eisenzeit, 1. Etage, Höhe Publicius-
Grabmal); Ambiorix-Denkmal im
belgischen Tongeren

3_Archipoeta | UM 1135–NACH 1165
Grabmal Rainalds von Dassel (Dom,
Marienkapelle); Sammlung »Carmina
Burana«: Die Vagantenbeichte

4_Cilly Aussem | 1909–1963
Erinnerungsvitrinen des KTHC
Rot-Weiß Köln (Ecke Olympia- und
Roman-Kühnel-Weg, Müngersdorf)

5_Die Bandkeramiker
CIRCA 4.500–3.800 V. CHR.
Stüttgenhof (Junkersdorf, Grüngürtel);
Römisch-Germanisches Museum
(Vitrine zu den Bandkeramikern,
1. Etage, direkt rechts)

6_Melchior Bauduin | 1797–1880
Bücher zu kölschen Originalen;
Lied »Suum cuique« von Carl Leibl

7_Peco Bauwens | 1886–1963
Peco-Bauwens-Allee (Müngersdorf/
Junkersdorf); Grab auf Melaten
(Ecke Flur 43/Hauptweg)

8_Nikolaus Becker | 1809–1845
Straßen u.a. in Bonn und Mainz;

Gedenkplakette an der Pfarrkirche
Geilenkirchen-Hünshoven

9_Franz Theodor Biergans 1768–1842
Geburtshaus in Aldenhoven bei
Jülich (Kapellenstraße 7)

10_Scholastika Bolz | 1825–1902
Markmannsgasse (alte Schmuggler-
straße); Bierdeckel; Bücher zu
kölschen Originalen

11_Karl Heinrich Brüggemann
1810–1887
Grab auf Melaten (Flur 59,
Nummer 28)

12_Bertha/Berthold Buttgereit
1891–MINDESTENS 1984
Lützowstraße 23 (Belgisches Viertel);
Buch »Anders als die Andern«
(Erwin In het Panhuis, Emons Verlag
2007)

13_Hermann Cardauns | 1847–1925
Grab auf Melaten (Lit. B.)

14_Ern(e)st Cassel | 1852–1921
GAG-Siedlungen wie »Bickendorf I«,
»Milchmädchensiedlung« (Poll),
»Weiße Stadt« (Buchforst);
Ernst-Cassel-Straße (Mülheim)

15_Marcus Valerius Celerinus
NACH 00–NACH 95
Grabstein im Römisch-Germanischen
Museum (1. Stock, links neben dem
römischen Torbogen)

16_Clais | ??–NACH 1567
»Leprosenmännchen« (Obergeschoss

des Stadtmuseums und als Kopie an
der Friedhofsmauer von Melaten,
Aachener Straße)

17_Die Clingelmanns
13. JAHRHUNDERT–HEUTE
Klingelpützpark (Nordstadt)

18_Heinrich Cornelius | 1487–1535
In Köln beinahe spurenlos, studierte an
der Kölner Universität

19_Philipp Ecks | 15??–NACH 1588
Kunibertsviertel; Stadtführung
»Kriminelles Köln«
(www.colonia-prima.de)

20_Elisabeth von Schönau
1129–1164
Reliquienbehältnis in der Klosterkirche
Schönau; Goldene Kammer von
St. Ursula (Ursulaplatz, Nordstadt)

21_Richard Engel | 1903–1974
Lotharstraße 30 (Wohnhaus);
Brauhaus Päffgen, Friesenstraße
(Stammkneipe)

22_Else Falk | 1872–1956
Frauenberufshaus (Zollstock,
Bornheimer Straße 4, Gedenkplakette
verschwunden); Else-Falk-Straße
in Longerich

23_Arno Faust | 1918–1984
Kneipe Kleine Glocke
(Glockengasse 58, Innenstadt)

24_Das Fischweib | 1986–HEUTE
Fischmarkt (Altstadt)

25_Karl Flach | 1905–1997
Altes Firmengelände Ecke
Turiner/Dagobertstraße

26_Heinz Flohe | 1948–2013
Erinnerungsfotos, Pokale etc. im
Geißbockheim (Grüngürtel/Sülz)
und im FC-Museum
(Rheinenergiestadion)

27_Grete Fluss | 1892–1964
Schmitze-Billa-Figur an der Nordecke
des Ostermann-Brunnens
(Willy-Ostermann-Platz, Altstadt)

28_Nikolaus Friedrich | 1865–1914
Skulptur »Der Tauzieher« (gegenüber
dem Schokoladenmuseum, Rheinauhafen); Skulptur »Sterbende Amazo-
ne« (Subtropenhaus des Botanischen
Gartens, Riehl)

29_Friedrich von Isenberg
VOR 1193–1226
Isenburg in Hattingen
(www.burg-isenberg.de);
Kölner Großmarkt, wo ehemals
der Judenbüchel stand

30_Fyegin von Broickhusen
15. JAHRHUNDERT
Marienplatz 44 (früher Brauhaus,
heute Frauengeschichtsverein);
Website des Kölner Brauerei-
Verbandes
(www.koelner-brauerei-verband.de)

31_Gallus von Clermont | 487–553
Prätorium (Kleine Budengasse,
Altstadt)

32_Henrich Gappertz | VOR 1804–18??
Französische Straßenschilder
(Rue de L'Arsenal/Zeughausgasse/
am Stadtmuseum, Place du Tilleul/
An der Lind, Rue de Ecrivisse/
Krebsgasse, Porte de l'Aigle/Eigel-
steintor, Porte des Coqs/Hahnentor)

33_Franz Christian Gau | 1790–1853
Christian-Gau-Straße (Braunsfeld);
Kirche St. Clotilde in Paris

34_Gebhard von Waldburg | 1547–1601
Gaststätte Höttche (Bonn,
Am Markt 4)

35_Hermann Götting | 1939–2004
Grab auf Melaten (Flur 28)

36_Tossanus Hariga de Gratia
I. HÄLFTE 17.
Museum für Angewandte Kunst
(historische Tabakdosen in den
Vitrinen zwischen Lindgens- und
Treskowsaal, 1. Etage)

37_Der Grinkenschmied
1979-HEUTE
Denkmal und Kneipe auf dem
Wupperplatz (Höhenhaus)

38_Franz Jacob de Groote | 1721-1792
Elendskirche (An St. Katharinen,
Südstadt); Stadtmuseum (Totenschild
Maria de Grootes im Obergeschoss)

39_Anna Hachenberch
I. HÄLFTE 16. JAHRHUNDERT
Schnütgenmuseum (Altar der
Krypta von St. Cäcilien)

40_Gottfried Hagen | 1230-1299
Figur am Rathausturm (1. Stock,
Nordseite)

41_Emma von Hallberg | 1824-1862
Eigelstein 46 (ehem. Standort des
Geburtshauses)

42_Bruno Hardefust | 1215-1278
Hardefuststraße (Südstadt)

43_Hartlevus de Marca | 1360-1390
Universität Köln; Stadtmuseum
(Dokumente zur Frühphase der
Universität, Obergeschoss)

44_Gerlach vom Hauwe
1365/70-1399
Stadtarchiv (das »Nuwe Boych«);
Johannisstraße (ehem. Straße des
Geburtshauses, Kunibertsviertel)

45_Johann Hemmersbach | 14??-1482
In Köln spurenlos; Gülich-Platz
gegenüber dem Rathaus erinnert an
einen anderen Umstürzler

46_Hennes I. | 1949-1966
Kölner Zoo (Hennes VIII.-Gehege);

Buch »Als der Geißbock Moped
fuhr« (Dirk Unschuld);
Geißbockheim (Sülz/Grüngürtel)

47_Henricus von der Bechergezzen
12. JAHRHUNDERT
Peter-von-Mailand-Kapelle in
St. Andreas (Altstadt, Komödienstraße
6, links hinterm Eingang)

48_Issak Herstatt | 1697-1761
Ehemaliges Bankgebäude (Unter Sach-
senhausen 6); Herstattallee in Seeberg;
Stadtmuseum (Doppelporträt Johann
Jakob und Margarethe Herstatt)

49_Hildebold von Köln | 7??-818
Dombibliothek (Maternushaus,
Kardinal-Frings-Straße 1-3, Innen-/
Nordstadt); Hildeboldplatz (Friesen-
viertel); Figur am Rathausturm
(1. Etage, Westseite)

50_Irmgard von Aspel
UM 1000-1082/89
Reliquien in der Agneskapelle (Dom,
Chorumgang); Irmgardis-Gymnasium
(Schillerstraße 100 in Bayenthal)

51_Isis | 3. JAHRTAUSEND V. CHR.
Isis-Figur im Römisch-Germanischen
Museum (1. Stock, Treppe links,
2. Ausstellungspodest)

52_Billy Jenkins | 1885-1954
Grab auf Melaten (Flur 55); zahlreiche antiquarische Westernheftchen;
Biografie »Billy Jenkins. Besichtigung
eines Mythos« (Michael Zaremba)

53_Arnold Judendunck
2. HÄLFTE 17. JAHRHUNDERT
Eigelstein 41 (Judenduncks ehemaliges
Brauhaus, heute Gaffel-Brauerei)

54_Ursula Judin
NACH 1560-NACH 1593
Achterstraße (ehemaliges Wohnhaus,
Südstadt); Buch »Bettler und Gaukler,
Dirnen und Henker« (Franz Irsigler/
Arnold Lassotta)

55_Wilhelm Kaesen | 1816–1887
Büste an der Nordwestecke des
Volksgartens (Südstadt); Kaesenstraße
(Südstadt)

56_Engelbert Kayser | 1840–1911
Ehemaliges Geschäftshaus Ecke
Hohe/Brückenstraße (Innenstadt)

57_Reiner Joseph Anton von Klespé
1744–1818
Französische Straßenschilder
(Rue de L'Arsenal/Zeughausgasse/
am Stadtmuseum, Place du Tilleul/
An der Lind, Rue de Ecrivisse/Krebs-
gasse, Porte de l'Aigle/Eigelsteintor,
Porte des Coqs/Hahnentor)

58_Albin Köbis | 1892–1917 und Max
Reichpietsch | 1894–1917
Militärfriedhof der Luftwaffenkaserne
Wahn (Flughafenstraße 1); Albin-
Köbis-Straße und Max-Reichpietsch-
Straße in Wahn

59_Tile Kolup | UM 1220–1285
Roman »Wie ein Lamm unter Löwen«
(Tilman Röhrig); Denkmal in Wetzlar

60_Johann von Krane | UM 1600–1672
Goldene Kammer von St. Ursula
(Ursulaplatz, Nordstadt)

61_Karl Küpper | 1905–1970
Karl-Küpper-Platz (Altstadt);
Gedenktafel Kalker Hauptstraße 215;
Karnevalsmuseum (Maarweg 134,
Braunsfeld)

62_Hermann Lappleder
UM 1870–HEUTE
Hänneschen-Theater (Eisenmarkt,
Altstadt)

63_Oliver Legipont | 1698–1758
Groß St. Martin (Martinsviertel)

64_Ernst Leybold | 1824–1907
Stadtteil Marienburg; Firmenge-
lände Leybold (heute Oerlikon,
Ecke Bonner/Gaedestraße);

Polnisches Generalkonsulat mit
Gutshof-Resten (An der Alteburger
Mühle 6)

65_Max Lippert | 19??–1996
Puszta-Hütte (Fleischmengergasse 57,
Neumarkt)

66_Fygen Lützenkirchen
UM 1450–NACH 1515
Figur am Rathausturm (1. Stock,
Ostseite), Fygen-Lützenkirchen-
Straße (Niehl); Seidmacherinnen-
gässchen (Heumarkt)

67_Maria von Medici | 1575–1642
Herzreliquiar hinter dem
Dreikönigsschrein im Dom;
Sternengasse 10 (Innenstadt)

68_Der Meister der heiligen Veronika
VOR 1395–NACH 1420
Zwei Bilder im Wallraf-Richartz-
Museum (Obenmarspforten, 1. Etage,
Raum 5); Alte Pinakothek München
(Saal III): Schweißtuchmadonna

69_Paulus Melchers | 1813–1895
Grab in der Bischofsgruft des Doms;
Paulus-Melchers-Kapelle in der Kirche
St. Paul (Ecke Vorgebirgs-/Lothringer
Straße)

70_Merg | 15??–1591
Am Frankenturm (Altstadtgässchen)

71_Peter Heinrich Merkens
1777–1854
KD-Schiffe auf dem Rhein; Figur
am Rathaus (2. Stock, Nordseite);
Colonia-Hochhaus (An der Schanz 2,
Riehl, heute: Axa)

72_Franz Graf von Merode | ??–1644
Gereonsdriesch (Innenstadt);
Stammhaus der Familie in Merode
(Langerwehe)

73_Sibylle Mertens-Schaaffhausen
1797–1857
Grab auf dem Campo Santo Teutonico⁻

in Rom; einzelne Stücke ihrer wegen
Erbstreitigkeiten verstreuten Kunst-
sammlung finden sich angeblich noch
in Kölner Museen

74_Josef Moll | 1812–1849
Robert-Blum-Denkmal (Fischmarkt,
Altstadt); diverse Straßen in den
neuen Bundesländern

75_Mutter Colonia | 1950-HEUTE
Bronze am Spanischen Bau
(Theo-Burauen-Platz, Altstadt);
Narrenschiff (Karl-Berbuer-Platz,
Südstadt)

76_Nikolaus von Verdun
UM 1130–NACH 1205
Schrein der Heiligen Drei Könige
(Domchor); Figur am Rathausturm
(1. Stock, Westseite)

77_Georg Simon Ohm | 1789–1854
Gedenkplakette am ehemaligen
Wohnhaus Marzellenstraße 32;
Figur am Rathausturm (2. Stock,
Nordseite); Ohmstraße (Südstadt);
Georg-Simon-Ohm-Schule
(Westerwaldstraße, Humboldt-
Gremberg)

78_Werner Overstolz
ENDE 14. JAHRHUNDERT–1451
Overstolzenhaus (Rheingasse 8,
Süd-/Altstadt); Overstolz-Figuren
am Rathausturm (1. Stock, Nordseite);
Overstolzenstraße (Südstadt)

79_P 100 | 8. JAHRHUNDERT
Sarg im Gräberfeld von St. Severin
(Severinskirchplatz, Südstadt)

80_Heinrich Parler | UM 1305–1370
Parlerbüste (Museum Schnütgen,
Cäcilienstraße 29)

81_Petermann | 1947–1985
Kölner Zoo, Affengehege (Riehl);
Buch »Der Affe zu Köln. Oder:
Petermanns Rache« (Werner Filz)

82_Johannes Pfefferkorn
1469–UM 1522
Dominikanerkloster Heilig Kreuz
(Lindenstraße, Belgisches Viertel)

83_Christina Plum | 1605–1630
Figur am Rathausturm (2. Stock,
Westseite); Krimi »Das Mirakel von
Köln« (Bettina Szrama, Emons Verlag
2012)

84_Marcus Postumus | ??–269
Prätorium (Kleine Budengasse,
Altstadt); Figur am Rathaus
(Erdgeschoss, Nordseite)

85_Peter Quentel | NACH 1478–1546
Woensam-Prospekt und diverse
Druckwerke im Stadtmuseum (Ober-
geschoss); Quentelstraße (Südstadt)

86_Rachel | ??–1323
Grabstein Stadtmuseum (Oberge-
schoss); ehemaliges Judenviertel
(Rathausvorplatz, Grabungen)

87_Robert Reisch | 1833–1904
Reischplatz (Deutz); Grab auf
dem Deutzer Friedhof (Rolshover
Kirchweg, Flur 6)

88_Johann Rinck | 13??–1464
Porträt Stadtmuseum (Obergeschoss);
Kreuz- und Thomas-Altarbild im
Wallraf-Richartz-Museum (1. Etage,
Raum 2)

89_Armando Rodrigues de Sá
1926–1979
Bahnhof Deutz; Moped im
Bonner Haus der Geschichte

90_Peter Joseph Schäffer | 1766–1803
St. Maria in der Kupfergasse
(Innenstadt); Buch »Die Guillotine
im Schatten des Domes« (Udo Bürger)

91_Adam Schall von Bell | 1592–1666
Figur an der Minoritenkirche
(Südseite; Minoritenstraße)

92_Die Schiffermadonna
UM 1420–HEUTE
St. Maria Lyskirchen
(An Lyskirchen 10)

93_Anna Maria von Schürmann
1607–1678
Figur am Rathausturm (2. Stock,
Westseite)

94_Otto Schwalge | 1921–2012
Oskar-Spielplatz (Rubensstraße,
Innenstadt)

95_Mechtildis Sinsteden | 1782–1881
St. Heribert (Tempelstraße 2, Deutz)

96_Diederich Spitz | 14??–1513
Richtschwerter im Stadtmuseum
(Parterre)

97_Max von Stephanitz | 1864–1936
Reiterfigur Lanzenmann (Kennedy-
ufer, Deutz); Grab auf dem Dresdener
Trinitatisfriedhof

98_Heinrich Suderman | 1520 –1591
Sudermanstraße und -platz (Nord-
stadt/Agnesviertel); Figur am
Rathausturm (1. Stock, Südseite)

99_Der Tanzende Tod | 1980–HEUTE
Schnütgenmuseum/St. Cäcilien
(Westfassade)

100_Die Tänzer | 1374
Den Tanz als Massenphänomen
findet man heutzutage z. B. im
Straßenkarneval.

101_Theophanu | 960–991
Grab in St. Pantaleon (Am Pantaleons-
berg); Kaiserin-Theophanu-Schule
(Kalk); Figur am Rathausturm (Erdgeschoss, Westseite)

102_Trein Hoestirne
1. HÄLFTE 16. JAHRHUNDERT
Schemmergasse (Griechenmarkt-
viertel)

103_Henken van Turne | 13??–1371
Heumarkt; Mittelalterkrimi »Köln
1371« (Stefan Blankertz, Emons
Verlag 2006)

104_Veleda | UM 30–NACH 80 N. CHR.
Römische Stadtmauer (z. B. Trank-
gasse, Altstadt); Veledastraße (Südstadt)

105_Franz Vonessen | 1892–1970
Ehemaliges Wohnhaus Braunstraße
39; Biografie »Das gefährdete Leben«
(Klaus Schmidt)

106_Mathias Weber | 1778–1803
Domumgebung; Roman »Die Ballade
vom Fetzer« (Tilman Röhrig)

107_Theodor Widdig
UM 1870–NACH 1921
Buch »Anders als die Anderen«
(Erwin In het Panhuis, Emons Verlag)

108_Else Wirminghaus | 1867–1939
Hohe Straße 137 (früher Verlagshaus,
heute Hotel)

109_Wisigarde | UM 512–UM 540
Domschatzkammer (Roncalliplatz 2)

110_Emanuel Ciolina Zanoli
1796–1837
Karnevalsmuseum (Maarweg 134–136,
Braunsfeld)

111_Hans Zims | 1908–1980
»Gilden im Zims« (Heumarkt 77)

Der Autor

Bernd Imgrund, geboren 1964 in Köln, arbeitet als Autor und Journalist. Er schrieb u. a. eine Kulturgeschichte des Skatspiels (»Das Skat-Lesebuch«) sowie den Schelmenroman »Quinn Kuul«. Im Emons Verlag erschienen u. a. der satirische Reiseführer »Ölle – Die Stadt am Niehr« und der Roman »Fränki«. Seine »Köln-Kolumne« erscheint als Writer's Blog jeden Mittwoch neu auf der Verlags-Website sowie unter www.emons-verlag.blogspot.com.

Die Fotografin

Britta Schmitz arbeitet in der Pressestelle im Emons Verlag und als Fotografin. Ihre Fotografien illustrieren u. a. die Bände »111 Kölner Orte, die man gesehen haben muss«, Band 1 und 2, und »Kölner Lieblingsorte«. Zudem erscheint seit 2011 jährlich ihr Köln-Kalender im Hochformat.

Bernd Imgrund
ÖLLE - DIE STADT AM NIEHR
Broschur, 208 Seiten
ISBN 978-3-89705-530-8

»Unbeschwert lesenswert.«
Kölner Stadt-Anzeiger
»Bernd Imgrund ist mit ›Ölle‹ ein Kultbuch
gelungen.« Report-K.de

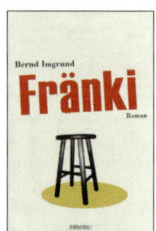

Bernd Imgrund
FRÄNKI
Roman
Broschur, 208 Seiten
ISBN 978-3-89705-548-3

»Bernd Imgrund ist ein deftiges Stück Literatur
gelungen.« StadtRevue
»Der Leser freut sich über einen Einblick in die
politisch völlig unkorrekte Lebenswelt eines Verlierers.
Gut gemachte, unterhaltsame Popliteratur.« ekz

Bernd Imgrund
»OHNE RHEIN KEIN DOM«
33 spannende und ungewöhnliche
Gespräche aus dem Kölner Leben
Broschur, 208 Seiten
ISBN 978-3-89705-713-5

»Das Buch bringt den Lesern die Stadt auf
eine äußerst vielschichtige Weise näher.«
Westdeutsche Zeitung
»Ein interessantes Buch: abwechslungsreich
und lesenswert.« Draußenseiter

Bernd Imgrund und Britta Schmitz
111 KÖLNER ORTE, DIE MAN
GESEHEN HABEN MUSS / Band 1
ISBN 978-3-89705-618-3

»Das schönste Köln-Buch 2008.« Prinz
*»Das Buch dürfte selbst für den erfahrenen
Kölnkenner noch einige Überraschungen parat
halten!«* Kölner Illustrierte

Bernd Imgrund und Britta Schmitz
111 KÖLNER ORTE, DIE MAN
GESEHEN HABEN MUSS / Band 2
ISBN 978-3-89705-695-4

*»Bernd Imgrund und Britta Schmitz
haben wieder geniale, oft unbekannt Plätze
und ihre Geschichte gefunden.«* BuchMarkt

Bernd Imgrund und Nina Osmers
111 ORTE IM KÖLNER UMLAND,
DIE MAN GESEHEN HABEN MUSS
ISBN 978-3-89705-777-7

*»Imgrund macht Lust auf einen schönen
Herbstausflug.«* Westdeutsche Zeitung
*»Der Band bietet Überraschendes selbst
für Ortskundige.«*
Kölner Stadt-Anzeiger

Bernd Imgrund
111 KÖLNER KNEIPEN, DIE
MAN KENNEN MUSS
ISBN 978-3-89705-838-5

»Die kultigsten Kneipen von Köln.« Express
*»Der Durst kommt beim Lesen. Ein kurzweiliger
Kneipenführer, in dem es nicht um Gastrokritik,
sondern ein Stück kölscher Lebenskultur geht.«*
Kölnische Rundschau

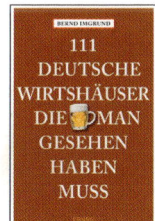

Bernd Imgrund
111 DEUTSCHE WIRTSHÄUSER, DIE
MAN GESEHEN HABEN MUSS
ISBN 978-3-95451-080-1

*»Ein süffiger Insiderführer unserer atmosphärisch
wertvollsten Traditionslokale.«* Bild Ruhrgebiet

Bernd Imgrund
111 ORTE IN DER EIFEL, DIE MAN
GESEHEN HABEN MUSS
ISBN 978-3-95451-003-0

*»Bernd Imgrund geht es um die schönen, schaurigen
und skurrilen Orte.«* General-Anzeiger

Abbildungsnachweis

Alle Farbfotos © Britta Schmitz, außer Kapitel 3, 59, 68, 84: wikimedia commons; Kapitel 15, 51: Römisch-Germanisches Museum Köln/Fotos: Britta Schmitz; Kapitel 24 oben, 36 oben, 38, 53 oben, 85, 86, 96: Kölnisches Stadtmuseum/Fotos: Britta Schmitz; Kapitel 43: Privatarchiv. Kapitel 49 unten: Rheinisches Bildarchiv Köln/rba_c008343; Kapitel 52: Archiv Harald Hellmann; Kapitel 62: Hänneschen Theater; Kapitel 80: Museum Schnütgen/W. Meier; Kapitel 109: Dombauhütte Köln/Foto: Matz und Schenk
Fotonachweise der historischen S/W-Fotos: Kapitel 1: Stiftung Bundeskanzler-Adenauer-Haus; Kapitel 2: wikimedia commons/walter; Kapitel 5: Rheinisches Bildarchiv Köln/rba_mf039333; Kapitel 7: Scherl/ Süddeutsche Zeitung Photo; Kapitel 13: Rheinisches Bildarchiv Köln/ rba_L 08 56309; Kapitel 19: Rheinisches Bildarchiv Köln/rba184323; Kapitel 20: ÖNB Wien: Port_00007038_01; Kapitel 22: NS-Dokumentationszentrum der Stadt Köln/Bp 522; Kapitel 20: Eva Neubert, Köln, Fotograf: Fred Jaeger, 1957; Kapitel 26: picture-alliance/dpa/ Wilhelm Leuchner; Kapitel 27: Theaterwissenschaftliche Sammlung, Universität zu Köln/Nachlass Peter Fischer; Kapitel 32: Rheinisches Bildarchiv Köln/rba 125515; Kapitel 35: Rheinisches Bildarchiv Köln/ rba_c017324; Kapitel 37: Britta Schmitz; Kapitel 40: googlebooks; Kapitel 42: Rheinisches Bildarchiv Köln/rba 605559; Kapitel 46: Horst Müller GmbH; Kapitel 47: Deutscher Brauer-Bund e. V.; Kapitel 48: Rheinisches Bildarchiv Köln/rba_mf004213; Kapitel 55: Bilderbuch Köln/#7231; Kapitel 56 oben: Kreismuseum Zons/Entwurf Hugo Leven, 1897/98; Kapitel 56 unten: Museum für Angewandte Kunst Köln, 2011; Kapitel 57: Rheinisches Bildarchiv Köln/rba_91870; Kapitel 58: dpa picture alliance/ZB/Berliner Verlag/Archiv; Kapitel 60: LWL-Museum für Kunst und Kultur/Sabine Ahlbrand-Dornseif/Inv.Nr. C-18226 LM; Kapitel 61: NS-Dokumentationszentrum der Stadt Köln/N 189,12; Kapitel 65: Pusztahütte/Repro: Britta Schmitz; Kapitel 57: Rheinisches Bildarchiv Köln/rba 015788; Kapitel 81: Rheinisches Bildarchiv Köln/ Meier, Wolfgang F./rba_d022109; Kapitel 82: Rheinisches Bildarchiv Köln/rba L 02 484/04; Kapitel 82: picture-alliance/dpa; Kapitel 111: Archiv Familie Schürmann/Münster; Kapitel 8, 9, 11, 14, 19, 18, 29, 31, 33, 34, 41, 50, 48, 64, 67, 69, 70, 77, 78, 79, 88, 91, 93, 94, 95, 96, 98, 100, 103, 106, 108: wikimedia commons; Kapitel 4, 6, 10, 15, 20, 21, 30, 44, 45, 51, 66, 73, 83, 85, 90, 105, 107, 110: Privatarchiv. Die Fotografen der Abbildungen konnten teilweise nicht ermittelt werden. Wir bitten Fotografen und Archive, sich beim Verlag zu melden.